세계
최고의
인재들은
왜
기본에
집중할까

世界のエリートはなぜ、「この基本」を大事にするのか?

戸塚隆将 著

朝日新聞出版 刊

2013

SEKAI NO ERITO WA NAZE [KONO KIHON] WO DAIJINI SURUNOKA

written by TAKAMASA Totsuka

Original Japanese edition published in Japan

by Asahi Shimbun Publications Inc., Tokyo

# 세계 최고의 인재들은 왜 기본에 집중할까

The 48 Principles of Success
by The World's Leading
Entrepreneurs

평생 성장을 멈추지 않는 사람들의
48가지 공통점

도쓰카 다카마사 지음 | 김대환 옮김

세계 최고의 인재들은 왜 기본에 집중할까

1판   1쇄 발행   2014년 2월 14일
1판 42쇄 발행   2024년 6월 11일

**지은이** | 도쓰카 다카마사
**옮긴이** | 김대환
**발행인** | 홍영태
**편집인** | 김미란
**발행처** | (주)비즈니스북스
**등   록** | 제2000-000225호(2000년 2월 28일)
**주   소** | 03991 서울시 마포구 월드컵북로6길 3 이노베이스빌딩 7층
**전   화** | (02)338-9449
**팩   스** | (02)338-6543
**대표메일** | bb@businessbooks.co.kr
**홈페이지** | http://www.businessbooks.co.kr
**블로그** | http://blog.naver.com/biz_books
**페이스북** | thebizbooks
ISBN  978-89-97575-21-3   13190

비즈니스북스는 독자 여러분의 소중한 아이디어와 원고 투고를 기다리고 있습니다.
원고가 있으신 분은 ms1@businessbooks.co.kr로 간단한 개요와 취지, 연락처 등을 보내 주세요.

# 당신의 기본은 무엇입니까

월 가, 증권 거래소가 밀집해 있는 뉴욕 맨해튼의 한 고층 빌딩에서 골드만 삭스의 신입사원 연수가 진행됐다. 전 세계 지사에서 200명 이상의 신입사원들이 참가하여 한 달 동안 진행되는 연수 첫날, 누구도 예상치 못한 아주 인상적인 일이 일어났다. 맨 앞줄에 앉은 신입사원 한 명이 뉴욕 지사의 시니어 파트너가 던지는 날카로운 질문에 재빠르게 대답하면서 모두의 이목을 집중시킨 것이다. 좌중을 술렁이게 한 그는 서울 지사를 대표해 연수에 참가한 동기였다.

내가 골드만 삭스에서 보낸 시절을 떠올리면 가장 먼저 생각나는 사람이 바로 이 한국 지사의 동기이다. 전 세계에서 모인 신입사원들 중에서도 가장 강력하게 존재감을 드러냈던 그는 풍부한 지식은 물론 커뮤니케이션 능력 또한 뛰어났다. 한마디로 모든 것을 갖춘 인재였다.

하루하루 긴장의 연속이었던 연수를 마치고 각자 속한 지사로 돌아가 본격적인 업무를 시작했을 때 내가 처음 배정받은 일은 한일 기업의 자본 제휴 프로젝트였다. 클라이언트 기업이 한일 합자회사이다 보니 서울 지사의 그 동기도 함께 프로젝트에 참여했다. 이 프로젝트가 진행되는 동안 나는 성과를 전혀 내지 못한 탓에 엄청난 좌절에 휩싸였다. 하지만 그 동기는 프로젝트에 결정적인 기여를 했고 나보다 2년 먼저 회사를 퇴직하고 하버드 비즈니스 스쿨에 입학했다. 내가 MBA 취득을 진지하게 검토하게 된 계기도 바로 그 동기의 영향이 컸다. 나로 하여금 실력을 쌓도록 노력하고 더 큰 꿈을 꾸게 해준 점에 대해서는 지금도 그에게 고마운 마음을 느낀다.

이 책은 골드만 삭스를 거쳐 하버드 비즈니스 스쿨에서 MBA를 취득하고 맥킨지에서 활동하면서 보고 배웠던 '기본'에 대한 것이다. 이 책에서 말하는 기본에는 크게 두 가지 요소가 있다. 첫 번째는 이미 많은 사람들이 알고 있으며 이미 자신이 실천하고 있을 수도 있다. 두 번째는 똑같이 알고는 있지만 꾸준히 실천하기 어렵다고 여겨온 내용이다. 이 두 가지를 모두 갖추었을 때 비로소 기본은 진가를 발휘할 수 있다.

기본을 중시한다는 것은 단기적인 성과를 올리는 데도 효과적이지만 무엇보다 5년 후, 10년 후에 한 단계 더 성장하는 데 도움이 된다. 기본의 진정한 힘은 바로 그것이다. 나 역시 이 책에서 말하는 모든 기본을 100퍼센트 실천하지는 못한다. 하지만 잠시나마 놓쳤던 기본의 원칙을 책을 집필하면서 다시 한 번 돌아볼 수 있었다.

일본에서 이 책이 처음 출간되었을 때 예상과는 달리 40~50대 비즈니스맨들로부터 큰 지지를 받았다. 그들은 이 책을 통해 그동안 무의식적으로 처리했던 업무의 기본을 되새길 수 있었다고 했다. 다양한 실무 경험을 쌓은 그들이 누구보다 기본의 중요성을 잘 알고 있기 때문일 것이다.

이 책에서 말하는 기본은 글로벌 기업만이 지키는 것이 아니라 전 세계 어디서나 오래전부터 중시했던 원칙이기도 하다. 이 책을 계기로 이미 알고 있는 기본을 얼마나 꾸준히 실천하고 있는지 돌아봐도 좋다. 또한 자신만의 방식으로 목록을 새롭게 만들어 보는 것도 좋다. 그야말로 자신에게 진정으로 필요한 내용이 될 테니까 말이다.

마지막으로 한국에서 이 책이 나올 수 있도록 열정을 가지고 힘써 주신 모든 분들에게 감사 인사를 드린다. 이렇게 한국 독자들과 대화할 기회를 얻게 되어 무척 기쁘다. 부디 이 책이 많은 분들에게 첫 시작의 자세로 돌아가 기본의 진정한 가치를 찾도록 도와주는 가이드가 되길 기대한다.

2014년 1월 일본 도쿄에서
도쓰카 다카마사

목
차

한국어판 서문 ··· 당신의 기본은 무엇입니까 **005**
프롤로그 ··· 취업 세계의 랭킹 1위에게서 배운 성공의 법칙 **013**

Chapter  **1**

# 사람과의 관계에 투자한다

01 ··· 이해관계를 초월한 진정한 인간관계를 믿는다     **022**
02 ··· 관계에 투자하는 시간과 돈을 아끼지 않는다     **025**
03 ··· 학생 개개인의 이름을 모두 기억하는 하버드 교수     **029**
04 ··· 상대방에 대해 진지한 관심을 갖자     **035**
05 ··· 상대방과 인상에 남는 시간을 공유한다     **039**

06 … 선배, 상사와의 술자리를 피하지 않는다 · · · · · · · · · · · · · · · · · · · · · 044

07 … 아무리 바빠도 일주일에 한 번은 일과 관계없는 사람을 만난다 · · · 049

　　COLUMN 1 | 외국인과 인사할 때 주의해야 하는 인사법 **055**

**Chapter** **2**

# 자신의 내면과 외면을 가꾸는 일에 힘쓴다

08 … 엘리베이터에서 남을 먼저 내리게 하는 여유를 가진다 · · · · · · · · · 062

09 … '미안합니다'보다 '감사합니다'를 전한다 · · · · · · · · · · · · · · · · · · · · · 066

10 … 정답이 없는 문제도 최선을 다해 고민한다 · · · · · · · · · · · · · · · · · · · 069

11 … 사고의 차이를 가져오는 맥킨지 식 독서법 · · · · · · · · · · · · · · · · · · · 072

12 … 신문은 세상의 반응을 생각하면서 읽는다 · · · · · · · · · · · · · · · · · · · 075

13 … 참신한 아이디어보다 소신 있는 의견을 중시한다 · · · · · · · · · · · · · 080

14 … 인터넷을 믿지 말고 자신의 머리로 직접 답을 찾는다 · · · · · · · · · · 083

15 … 종이와 펜을 들고 사무실을 떠나자 · · · · · · · · · · · · · · · · · · · · · · · · · 087

16 … 사고의 순발력을 단련하는 맥킨지 식 훈련법 · · · · · · · · · · · · · · · · · 092

17 … 지각과 결근이 없도록 스스로를 관리한다 · · · · · · · · · · · · · · · · · · · 095

18 … 운동으로 마음의 노화를 방지한다 · · · · · · · · · · · · · · · · · · · · · · · · · 099

19 … 왜 맥킨지와 골드만 삭스는 하얀 셔츠에 검은 슈트를 고집할까? · · · 105

20 … 구두가 당신에 대해 말해 준다 · · · · · · · · · · · · · · · · · · · · · · · · · · · · · 109

**Chapter 3**

# 시간을 지배하는 사람들의 업무술

21 ··· 무슨 일이 있어도 약속 시간 10분 전에 도착한다     **118**

22 ··· 하버드 졸업생이 가르쳐 주는 주말 활용법     **121**

23 ··· 골드만 삭스에서 상사가 업무 시작 한 시간 전에 하는 일     **127**

24 ··· 퇴근 전에 자리를 정리정돈하는 이유     **131**

25 ··· 월요일이 시작되기 전에 업무 모드로 전환한다     **135**

26 ··· 업무에서 길을 잃지 않는 골드만 삭스의 우선순위 설정법     **139**

**Chapter 4**

# 성과로 이어지는 커뮤니케이션 노하우

27 ··· 바로 손이 닿는 곳에 노트를 둔다     **146**

28 ··· 일을 맡으면 그 자리에서 완성된 이미지를 공유한다     **150**

29 ··· 새로운 일을 맡았다면 즉시 5분간 실행한다     **154**

30 ··· 메일의 회신 속도가 당신에 대해 말해 준다     **156**

31 ··· 최고의 인재들이 성공적으로 보고하는 방법     **161**

32 ⋯ 보고는 가설을 넣어서 확인하는 형태로 진행한다     **165**

33 ⋯ 바쁜 상사의 스케줄을 비집고 들어간다     **168**

34 ⋯ 경과 보고는 다음 날 아침을 노린다     **173**

**Chapter** 5

# 이익을 극대화하는 자료로 회의에 기여한다

35 ⋯ 내가 만든 자료는 곧 내가 만든 상품이다     **180**

36 ⋯ 맥킨지가 프레젠테이션 자료에 단색만 쓰는 이유     **183**

37 ⋯ 3W로 자료의 골격을 설계한다     **186**

38 ⋯ 완벽한 자료를 만드는 최적의 도구, 맥킨지 노트     **190**

39 ⋯ 전 세계가 인정한 맥킨지의 자료 만들기 비법     **196**

40 ⋯ 세부적인 사항을 철저하게 지킨다     **200**

41 ⋯ 회의 때 발언하지 않는 것은 결석과 같다     **204**

42 ⋯ 화이트보드를 활용하라     **208**

COLUMN 2 | 외국인과 회의할 때 존재감을 나타내는 방법 **213**

**Chapter** 6

# 글로벌 커리어에 도전하라

43 ··· 애국심을 긍정적으로 활용하는 방법　　　　　　　　　**222**

44 ··· 유창한 영어보다 논리적인 의사소통 능력이 중요하다　　**227**

45 ··· 명확한 목표를 정하면 단기간에 영어 실력을 높일 수 있다　**231**

46 ··· 지금보다 한 단계 위의 직책을 의식하며 일한다　　　　**235**

47 ··· 회사는 퇴학이 아니라 졸업하는 곳이다　　　　　　　**238**

48 ··· 자기 노트로 목표를 철저하게 관리한다　　　　　　　**242**


에필로그 ··· 우리가 가장 치열하게 지켜야 할 원칙 **247**

# 취업 세계의 랭킹 1위에게서 배운 성공의 법칙

당신은 골드만 삭스(Goldman Sachs), 맥킨지(McKinsey & Company), 하버드 비즈니스 스쿨(Harvard Business School)이라는 이름을 들었을 때 머릿속으로 어떤 이미지를 떠올리는가?

전 세계 언론 매체에서는 세계 최강의 투자은행 골드만 삭스, 세계 최고의 컨설팅 업체 맥킨지, 글로벌 리더를 배출하는 MBA(경영학 석사 학위, Master of Business Administration) 명문 하버드 비즈니스 스쿨과 같은 식으로 각 분야의 최고라고 소개되는 곳들이다.

물론 '이익 지상주의의 탐욕스러운 금융 기관', '탁상공론으로 고액의 수수료나 청구하는 간부들 위주의 컨설팅 업체', '엘리트 의식에 사로잡혀 있는 거만한 경영자를 배출하는 경영대학원'이라는 부정적인 이미지를 떠올리는 사람도 있을 것이다.

혹은 그들에 대해 잘 아는 사람에겐 '국제 금융 시장을 주도하는 소

수정예의 고수익 투자은행', '아무리 어려운 문제라도 완벽하게 해결해 내는 세계 최고의 문제 해결 기업', '세계 경제를 이끌어 가는 글로벌 리더를 배출하는 고등교육기관'이라는 긍정적인 이미지도 있을 것이다.

세 곳을 모두 경험한 나에게 묻는다면 '예스(YES)'와 '노(NO)' 모두 대답할 수밖에 없다. 맞는 부분도 있고, 그렇지 않다고 느끼는 부분도 있기 때문이다.


## 전 세계의 산업과 금융 그리고 정치를 움직이는 졸업생들

여기서 내 소개부터 먼저 하겠다.

나는 일본 내의 대학을 졸업하자마자 곧바로 골드만 삭스에 입사하여 인베스트먼트 뱅커(Investment Banker, 투자은행가를 일컫는 말로 줄여서 뱅커라고도 부른다. 미국과 영국에서는 뱅커라고 하면 통상적인 은행원이라기보다 투자은행가를 가리키는 경우가 많다.)의 기초를 철저하고도 확실하게 배웠다. 그 후 MBA를 취득하기 위해 골드만 삭스를 퇴사하고 하버드 비즈니스 스쿨로 유학을 가 보스턴 캠퍼스에서 2년간 교육을 받았다. 하버드를 졸업한 후에는 맥킨지에 입사하여 경영 컨설턴트로서의 기초를 배웠다. 그리고 현재는 글로벌 사업 개발 및 글로벌 인재 개발을 지원하는 회사를 경영하고 있다.

일반적으로 미국 내 비즈니스 스쿨에 다니는 학생들은 대학을 졸업한 후 3~5년 전후의 실무 경험을 쌓은 경력자들이다. 실전에서 충분히 업무를 습득한 후에 2년 과정의 비즈니스 스쿨에 들어가 공부하는데 이들이 취득하는 학위가 소위 말하는 MBA이다.

사실 골드만 삭스, 맥킨지, 하버드 비즈니스 스쿨에는 강력한 상관관계가 있다. 하버드 비즈니스 스쿨을 다니는 학생의 출신 기업을 살펴보면 1위와 2위를 맥킨지와 골드만 삭스가 차지하고 있다. 이곳에서 2년 과정을 모두 마친 졸업생의 진로 1위와 2위 또한 이 두 기업이다.

맥킨지와 골드만 삭스 출신들은 미국과 유럽을 중심으로 전 세계 산업계, 금융계 그리고 정계로 진출하여 네트워크를 형성하며 서로에게 영향을 주고 있다. 이른바 골드만 삭스, 맥킨지, 하버드 비즈니스 스쿨에서 통하는 상식과 룰이 부지불식간에 전 세계의 산업계, 금융계에서 거대한 영향력을 발휘한다고 해도 과언이 아니다.

아시아, 중동, 중남미, 아프리카 등지의 신흥 국가 재벌 자녀들이 하버드 비즈니스 스쿨에서 교육을 받고 투자은행이나 컨설팅 업계를 거쳐 자국으로 돌아가는 경우가 많다. 당연한 말이겠지만 그들 대부분은 업계 일인자인 골드만 삭스, 맥킨지 출신이다. 결과적으로 그 영향력은 미국과 유럽에만 국한되지 않고 전 세계로 뻗어 나간다.

그렇다면 참고로 전 세계적으로 영향력을 발휘하고 있는 골드만 삭스, 맥킨지, 하버드 비즈니스 스쿨 출신들의 예를 들어 보겠다.

2006년부터 2009년까지 조지 부시 정권 때 미국 재무부 장관을 역임한 헨리 폴슨은 하버드 비즈니스 스쿨을 졸업한 뒤 골드만 삭스에서 종합금융부문 이사와 사장을 거치며 경력을 쌓고 마침내 최고경영자에 오른 후 정계에 입문했다.

2008년부터 지금까지 세계 최대 이동통신 사업자인 보다폰을 이끌고 있는 비토리오 콜라오는 이탈리아 사업가로서 하버드 비즈니스 스쿨을 나와 맥킨지를 거쳤다.

미국의 항공기 제조회사 보잉의 CEO인 제임스 맥너니도 마찬가지로 하버드 비즈니스 스쿨을 졸업하고 맥킨지에서 브랜드 매니저로 활동한 후 제너럴 일렉트릭을 거쳐 현재 항공업계에서 선도적인 역할을 맡고 있는 인물이다.

아프리카에 대한 객관적이고 신뢰할 수 있는 정보를 제공하는 아프리카닷컴의 창립자이자 CEO인 테레사 클라크는 아프리카계 여성 기업가로 하버드 비즈니스 스쿨을 졸업하고 골드만 삭스에서 매니징 디렉터를 역임한 뒤 아프리카닷컴을 출범시켰다.

뉴욕 증권거래소의 전 CEO인 존 세인도 하버드 비즈니스 스쿨을 거쳐 골드만 삭스의 사장 겸 COO(최고운영책임자)를 역임하고, 그 후 메릴린치 CEO를 거쳐 증권거래소의 최고경영자로 옮겨 간 인물이다.

그 외에도 골드만 삭스를 거쳐 산업계, 정계 등에서 활약하고 있거나 맥킨지의 컨설턴트를 거쳐 산업계에서 활약하고 있는 하버드 비즈니스 스쿨 졸업생은 수없이 많다. 한편 일본으로 눈을 돌리면 오늘날 도쿄대생의 취업 선호 기업 랭킹 최상위권을 골드만 삭스와 맥킨지가 차지하고 있다. 일본 내에서의 네트워크나 영향력도 점점 강화되고 있다고 할 수 있다.

## 세계 최고의 인재들이 실천하는 네 가지 기본

이 책에서는 전 세계 최고의 인재들에게만 허락된다는 골드만 삭스, 맥킨지, 하버드 비즈니스 스쿨에서 필자가 그들과 함께 일하고 공부하며 직접 경험했던 그들의 공통된 사고방식과 가치관, 업무 방식을 확인할 수 있다.

모두가 꿈꾸지만 결코 아무에게나 허락되지 않는 최고의 기업과 비즈니스 스쿨에서 활동하는 사람들에게는 과연 어떤 특징이 있을까? 이른바 글로벌 트렌드로 요약되는 오늘날의 비즈니스 시장에서 활약 중인 글로벌 기업의 사원이나 비즈니스 스쿨의 졸업생들은 어떤 가치관과 원칙을 지키며 일하는가에 대해 의문을 품게 되면서 이 책의 구상을 시작했다.

필자가 골드만 삭스, 맥킨지, 하버드 비즈니스 스쿨에서 직접 배우고 느꼈던 내용을 정리해 여러 사람들과 함께 공유할 수 있다면 더 높은 곳을 향한 꿈을 지닌 대학생들, 더 완벽한 업무 처리를 위해 노력하는 젊은 직장인들에게 도움이 되지 않겠는가 하는 생각에서 그동안의 경험을 뒤돌아보고 가치 있는 내용을 추려 내기 시작했다.

세계 최고의 인재들은 왜 기본에 집중할까

그리고 그렇게 집약된 자료들과 현장에서의 경험들을 분석해 본 결과 골드만 삭스와 맥킨지에서 만난 상사와 동료, 하버드 비즈니스 스쿨의 클래스메이트들에게는 명백한 공통점이 있음을 깨닫게 되었다.

그리고 그 공통점 하나하나는 화려한 스펙이나 특별한 경험과는 상관없이 하고자 하는 마음가짐에 따라 누구나 충분히 벤치마킹할 수 있는 것들이었다. 그 본질을 한마디로 정리하자면 바로 '기본에 철저하라'이다. 게다가 그 본질은 비단 미국이나 유럽권에서만 통하는 독자적인 내용이 아니며 아시아를 비롯한 전 세계 어디에서나 소중하게 여겨 왔던, 지극히 상식적인 것들이라는 점을 깨닫게 되었다. 다시 말하면 이는 지역 또는 업종, 기업의 규모에 관계없이 보편적인 업무 방식이 존재한다는 뜻이 아니겠는가.

이 책의 제목처럼 '세계 최고의 인재'가 한순간도 놓치지 않고 지키기 위해 노력하는 '기본'의 실체에 다가설수록 글로벌 인재와 조직을 만들어 낸 스킬이나 사고방식이 아주 가까운 곳에 있음을 깨닫게 되었다. 골드만 삭스, 맥킨지, 하버드 비즈니스 스쿨에서 공통적으로 강조하는 '기본'이란 크게 네 가지 포인트로 정리할 수 있다.

1. 다른 사람과의 '관계'를 소중히 여긴다.
2. '자기계발'을 평생 지속한다.
3. 하루도 빠짐없이 '성과'를 낸다.
4. '글로벌 마인드'를 한순간도 놓치지 않는다.

이 책에서는 이 네 가지 포인트를 중심으로 구체적인 48가지 '기본'을 설명하고, 독자들이 이해하기 쉽도록 상세한 에피소드와 함께 소개할 생각이다. 책을 읽다 보면 새로운 사고방식이나 행동을 발견한다기보다는 누구보다 잘 알지만 잠시 잊고 있었던 '기본'을 재확인할 수 있을 것이다. 이미 일상에서 실천하고 있지만 그 진정한 의미를 깨닫지 못한 채 그저 기계적으로만 반복했던 '기본'을 제대로 깨닫는다면 당신의 가치관, 업무 능력, 인간관계 등 모든 것이 완벽하게 달라질 것이다. 이 책을 통해 그러한 삶의 전환점을 찾을 수 있다면 나로서도 대우 의미 있는 일이 될 것이다.

사회생활을 눈앞에 둔 취업 준비생들과 대학생들, 이제 막 사회로 발을 내디딘 입사 1~3년 차의 새내기 직장인들, 더 높은 커리어를 위해 자기계발에 힘쓰는 30대 비즈니스맨, 젊은 사원의 교육을 담당하는 인사 담당자들에게 이 책은 분명 새로운 경험이 될 것이다.

그럼 이제부터 전 세계 1퍼센트 인재들끼리만 공유해 온 '기본'의 실체를 만나보도록 하자.

세계 최고의 인재들은 왜 기본에 집중할까

Goldman Sachs

Harvard Business School

1

C  H  A  P  T  E  R

Goldman Sachs

# 사람과의 관계에 투자한다

# 01

## 이해관계를 초월한
## 진정한 인간관계를 믿는다

"앞날을 내다보고 점(dots)을 연결할 수는 없다. 과거를 뒤돌아보아야 비로소 점을 연결할 수 있다. 그러므로 미래에 어떤 형태로든 그 점이 연결될 것이라고 믿어야 한다. 그러기 위해서는 무언가를 믿어야 한다. 직감, 운명, 인생, 카르마, 무엇이든지……."

"You can't connect the dots looking forward; you can only connect them looking backwards. So, you have to trust that the dots will somehow connect in your future. You have to trust in something-your gut, destiny, life, karma, whatever……."

애플의 창업자이자 21세기를 움직인 혁신의 아이콘 스티브 잡스의 유명한 연설 중 한 대목이다. 이 연설에서 잡스는 세 가지 스토리를 이야기한다. 그 첫 번째 스토리가 '점 잇기(connecting the dots)'이다.

잡스는 비싼 등록금을 감당하지 못하고 리드 대학교를 자퇴하기로 결심한 후 목표를 정하지 못한 채 한동안 친구 집에 얹혀살며 비전공 과목을 수강했다. 마침 우연히 흥미를 갖게 되어 캘리그래피(calligraphy, 개성적인 표현으로 글자를 아름답게 보이도록 쓰는 방법) 수업을 듣게 되는데 이 경험이 훗날 아름다운 타이포그래피를 가진 최초의 컴퓨터 매킨토시를 만드는 데 큰 역할을 했다고 고백했다.

그러나 당시에는 캘리그래피 수업이 장래에 어떻게 도움이 될지는 전혀 상상할 수 없었고, 그저 자신의 직감과 흥미에 따랐을 뿐이라고 했다. 시간이 지나고 돌이켜 보니 그때 캘리그래피를 배운 하나의 경험(잡스는 '점(dot)'이라고 표현했다)이 창업 당시의 경험과 연결되었다는 것이다.

잡스가 연설에서 예로 든 점은 바로 경험과 체험을 말한다.

나는 인간관계야말로 점 잇기라고 생각한다. 우연한 인연으로 알게 된 친구와의 관계가 앞으로 어떻게 발전할지를 예측할 수는 없다. 잡스가 캘리그래피 수업을 들었을 때와 마찬가지로 앞으로 두 사람이 어떤 관계로 발전하리라고 기대할 수도 없다.

직감, 운명, 인생, 카르마 등 자신이 생각하는 그 무언가를 그저 믿는 것이다. 이해관계를 초월한 어떤 관계를 믿을 때 비로소 인간관계

세계 최고의 인재들은 왜 기본에 집중할까

는 발전한다. 당시에는 미처 몰랐지만 훗날 뒤돌아보니 점과 점이 연결되는 경우가 있다. 그러기 위해서는 평소에 거리를 두거나 이해관계, 학력, 경제 수준에 대한 차별 없이 폭넓은 인간관계를 구축하는 것이 중요하다고 생각한다.

실제로 지금까지 내 인생을 뒤돌아보면 셀 수 없을 정도로 많은 친구들로부터 도움을 받았다. 그리고 친구와의 관계가 발전한 과정 그 자체가 바로 '점 잇기'라고 생각한다.

내가 맥킨지를 퇴사하고 함께 회사를 세운 사람은 대학교에서 만난 친구이다. 학창시절에는 훗날 함께 사업을 하게 되리라고는 서로가 상상도 못 했다. 그저 순수하게 발전적인 자극을 주는 좋은 친구 사이였다. 많은 시간을 함께 보내고, 다양한 경험을 공유하다 보니 그것이 결과적으로 창업 동료로까지 발전했을 뿐이다. 그리고 그 후에도 나는 학창시절의 다른 친구, 사회인이 되고 나서 알게 된 친구들과 많은 일을 함께하고 있다.

어떤 친구 관계도 처음 만났을 당시에는 어떻게 발전할지 전혀 상상할 수 없었고, 상상하려고도 하지 않았다. 다만 나 자신의 직감, 관심, 운명에 따랐을 뿐이다. 그리고 무엇보다 중요한 점은 나와 관계를 맺은 모든 사람들에 대해 감사의 마음을 갖는 것이다. 감사는 꼭 물질적 보상이나 언어적 표현 없이 마음만으로도 반드시 상대에게 전해지며 이러한 감정이 쌓이고 난 후에야 비로소 관계가 더욱 탄탄해진다.

# 02

## 관계에 투자하는
## 시간과 돈을 아끼지 않는다

MBA의 가치에 대한 질문을 받을 때마다 나는 항상 이렇게 대답한다. "하버드 비즈니스 스쿨에서 공부하면서 좋았던 점을 꼽는다면 첫 번째는 친구 관계, 두 번째는 시야의 확대 그리고 마지막은 바로 자신감의 획득입니다."

하버드 비즈니스 스쿨에서 공부하는 클래스메이트들은 모두 자신의 커리어를 중도에 끊고 2년간 비싼 학비를 지불하며 전 세계에서 모인 사람들이다. 이 사람들 사이에서 새로운 지식과 시야를 끊임없이 공부하고, 또 서로 이야기를 나눌 수 있었던 관계는 어떤 것으로도 대신할 수 없는 자산이다.

하버드 비즈니스 스쿨만의 독자적인 사례연구법(case study method)이나 전체 학생의 약 30퍼센트를 차지하는 외국인 유학생을 포함한 다양한 국적의 학생들과의 교류를 통해 나의 세계관은 넓어졌다. 게다가 2년간의 혹독한 커리큘럼을 거치면서 경영 분야에서 공통적으로 인식되고 있는 지식이나 사고방식을 배움으로써 비즈니스맨으로서의 자신감을 얻을 수 있었다.

하버드 비즈니스 스쿨의 다른 학생들도 MBA가 지니는 가치에 대해 대부분 나와 같은 생각을 갖고 있다. 그리고 그들이 공통적으로 가장 중요하게 꼽는 첫 번째 가치가 바로 친구 관계이다. 따라서 하버드 비즈니스 스쿨의 학생이라면 누구나 인맥 만들기에 소요되는 시간과 돈은 절대 아깝다고 여기지 않는다.


## 하버드 비즈니스 스쿨 학생들이 파티에 참석하는 진짜 이유

실제 '파티 스쿨'이라는 야유를 들을 만큼 하버드 비즈니스 스쿨에서는 술자리나 파티 이벤트가 빈번하다. 규모가 큰 파티로는 1년에 한 번 캠퍼스의 찰스 강변으로부터 멀리 떨어진 뉴잉글랜드 지방 교외의 대저택을 빌려 열리는 파티가 있다. 대부분 커플 동반으로 참가하는 이 파티에는 반드시 남성은 턱시도에 나비넥타이 차림을 하고 여성은 이브닝드레스를 입어야만 한다.

그 외에도 핼러윈, 추수감사절, 크리스마스 같은 행사 때마다 학교 전체 규모의 파티가 개최된다. 그러다 보니 캠퍼스 주변의 술집이나 기숙사 내에서는 거의 매주 크고 작은 술자리가 벌어지고, 학생들을 유혹하는 이벤트 수도 상당히 많다.

그 모든 이벤트에 일일이 얼굴을 내밀다간 정말 암울한 상황에 처하게 된다. 학기 중에는 매일 최소 열 시간 이상의 자율 학습이 요구되고, 수업 출석과 그룹 학습까지 병행하려면 밥 먹는 시간조차 아까울 정도로 시간이 부족하기 때문이다. 특히 유학생은 예습·복습을 하는 데 시간이 더 필요하기 때문에 공부 시간을 마련하는 일로 매일 골머리를 앓는다.

그렇다면 하버드 비즈니스 스쿨의 학생들은 왜 그렇게까지 해가며 다른 학생들과의 교류에 시간을 할애하는 것일까?

그 이유는 다른 사람과 관계를 맺는 일에 시간을 투자하는 것을 그 어떤 것보다 중요한 가치로 여기기 때문이다.

물론 눈앞에 닥친 공부나 일을 열심히 하는 것도 중요하게 인식하지만 친구, 지인과 함께 시간을 공유하는 것, 그리고 그것을 통해 인맥 관계가 확대되는 것이 중요하다고 생각한다. 그렇기 때문에 하버드 비즈니스 스쿨의 학생들은 그토록 시간에 쫓기는 상황에서도 다른 사람과 교류하는 데 시간을 최우선으로 투자한다.

일본에서도 회원 수가 점점 늘고 있는 회원제 패션 사이트인 길트 그룹의 공동 창업자 두 명은 하버드 비즈니스 스쿨에서 함께 공부한 사이다. 그곳에서 보낸 2년의 시간이 그들에게는 창업의 계기가 되었다. 내가 졸업한 해에도 중국인 클래스메이트 세 명이 공동으로 창업한 회사가 있었는데 한창 성장 중이다.

나 역시 졸업 후에 미국, 인도, 중국, 동남아시아, 동유럽, 중동 등 다양한 지역의 클래스메이트와 함께 일할 기회가 있었다. 그들은 단순히 같은 수업을 이수하고, 나란히 앉아 수업을 받은 친구가 아니다. 방과 후나 과외활동을 통해 많은 시간을 공유한 친구들이다.

함께 공부할 때만 해도 졸업 후에 이처럼 다양하게 사업상의 제휴를 맺으리라고 구체적으로 상상하지 못했다. 많은 친구들과 시간을 공유한 결과가 자연스레 사업으로도 관계가 확대된 것에 불과할 뿐이다. 지금 돌이켜 보면 다른 사람과의 관계를 무엇보다 중요시하는 하버드 비즈니스 스쿨의 문화를 자연스럽게 받아들인 결과라 할 수 있을 것이다.

# 03

학생 개개인의 이름을
모두 기억하는 하버드 교수

하버드 비즈니스 스쿨의 인기 교수인 잔 리브킨 박사. 그는 오랫동
안 MBA 프로그램의 2년 차 선택과목인 기업 전략론 수업을 담당하고
있다. 그의 강의를 듣기 위해서는 실로 좁은 문을 통과해야 한다. 매
년 정원보다 몇 배나 많은 신청자 중에서 추첨을 통해 운 좋게 당첨된
소수의 학생만이 수강할 수 있기 때문이다.

리브킨 교수가 작년에 일본을 방문했다. 미국 정부가 지원하는 프
로젝트를 맡게 돼 일본 시장 및 일본 기업과의 관련성을 취재하러 온
것이다. 난 졸업 후 7년 만에 리브킨 교수의 기조 강연을 들으러 갔다.
그리고 강연 후에 그에게 인사하러 갔을 때다.

그때 리브킨 교수의 입에서 정말 놀랄 만한 인사가 튀어나왔다. 그가 내 이름과 국적까지도 정확하게 기억하고 있었던 것이다.

솔직히 나는 리브킨 교수의 강의를 듣던 학생 중에서 특별히 뛰어난 학생이 아니었다. 2년 차 코스이기도 하고, 적당히 힘을 빼는 요령을 터득하고 있었던 나는 수업에 임하는 자세나 의욕을 봐도 이름을 기억할 정도로 강한 인상을 남긴 학생이었다는 느낌은 전혀 없었다.

그런데도 오랜 기간, 수천 명이나 되는 졸업생을 만나 온 인기 교수가 아시아에서 온 평범한 학생의 이름을 기억하고 있다는 것은 어떤 의미일까?


## 인간관계는 이름을 기억하는 일에서부터 시작한다

사실 하버드 비즈니스 스쿨에서는 교수가 학생 개개인의 이름과 얼굴, 그리고 개인적인 배경을 기억하는 일에 상당한 시간과 노력을 쏟아 붓는다.

통상적인 클래스 사이즈는 90명이다. 계단식 강의실에는 반드시 자기 자리에 이름표를 놓고 수업을 받고, 교수는 매번 그 이름표를 보고 학생을 가리킬 수 있다. 물론 베테랑 교수일수록 짧은 기간 안에 이름표를 보지 않고 학생의 이름을 기억한다.

그 정도까지 이르기 위해서는 상당한 노력과 약간의 요령이 필요하다.

우선, 자신이 부르려고 하는 학생의 이름표를 힐끗 보고 자신의 아련한 기억과 매치시킨 후 아무렇지도 않게 반대쪽 학생들에게 시선을 돌린다. 그렇게 잠시 한 템포를 쉬었다가 처음 학생의 얼굴을 보되 이름표는 보지 않고 이름을 부른다. 그때는 자신의 기억력을 의심하지 않고 자신만만하게 그 학생의 이름을 불러야 한다.

왜 이런 노력을 하면서까지 교수는 학생의 이름을 기억하려고 하는 걸까?

이는 교수와 학생이라는 사제 관계를 떠나 상대방의 이름을 기억했다 불러 주는 행위 자체가 인간관계를 맺어 가는 시작이라고 생각하는 뿌리 깊은 사고방식 때문이다.

사실 오랜만에 만난 지인이나 방금 만난 상대가 자신의 이름을 친숙하게 불러 준다면 우리는 경계심을 풀고 편안한 마음으로 상대를 대한다. 더 나아가 상대방에 대해 호감을 느끼기도 한다.

상대방은 틀림없이 자신에게 호기심이나 호감을 느끼거나 자신에 대해 인상 깊은 '무언가'를 갖고 있을지도 모른다고 믿기가 쉽다. 그리고 상대방이 자신의 이름을 기억해 주었다면 자연스럽게 자신도 상대방의 이름을 기억하기 위해 애쓰기 시작한다.

결국 자신이 먼저 상대방의 이름을 기억하느냐, 상대방이 자신의 이름을 먼저 기억하느냐, 둘 중 하나다. 만약 자신을 상대방의 기억에 남기고 싶다면 자신이 먼저 상대방을 스스로의 기억에 넣는 것이 중요하다는 말이다.

하버드 비즈니스 스쿨의 교수뿐만 아니라 성공한 비즈니스맨은 타인의 이름을 아주 잘 기억한다. 단순히 머리가 좋거나 기억력이 뛰어나서가 아니다. 누군가 내 이름을 기억하고 불러 준다는 사실만으로 자신이 상대에게 중요한 사람이라고 느껴지고 그만큼 상대에게 호의를 느낀다는 것을 잘 알기 때문이다. 이렇게 호의적인 인간관계를 시작으로 많은 성과와 존경받는 업적을 만들어 간다. 전 세계 수많은 사람들의 존경을 한 몸에 받는 최고의 교수가 내 이름을 정확하게 기억해 주었을 때의 감격처럼 대단한 상대가 자신을 먼저 기억해 준다면 그 사람에 대한 평가는 더욱 높아진다.

이런 과정을 거칠수록 그 사람의 인맥은 빠르게 확장된다. 물론 이러한 효과를 기대하고 타인에게 관심을 갖는다는 사실이 조금 꺼림칙하게 느껴질 수도 있지만, 결과적으로 서로의 거리를 좁히고 좋은 인간관계를 형성할 수 있다면 윈윈이라 할 수 있다.

상대의 이름을 기억하는 것이 가져다 주는 또 다른 덤도 있다. 그것은 이름을 순간적으로 기억하는 사람은 기억력이 좋거나 지적 능력이 뛰어나다는 인상을 준다는 것이다. 이 또한 신뢰감을 높이는 역할을 한다.

인간의 뇌에 있는 서랍에 무엇을 우선적으로 넣느냐에 따라 기억의 정도가 다르다고 한다. 모든 것을 다 기억할 수 없다면 무엇보다 사람의 이름을 우선순위의 맨 위로 가지고 와야 한다.

상대방의 이름을 잘 기억하는 세 가지 요령을 소개하겠다.

### ❶ 직접 소리 내어 불러 본다

처음 만나 자기소개를 할 때 상대방의 이름을 듣는 순간 직접 불러 보고 이를 통해 자신의 입과 귀로 반드시 확인한다.

### ❷ 이름을 부르면서 질문한다

자기소개가 끝난 후에 사이를 두지 말고 즉각 상대방에게 질문한다. 그때 반드시 상대방의 이름을 부르면서 질문한다. 예를 들면 "만나서 반갑습니다. ○○씨는 어디 출신입니까?"라는 식으로 상대의 이름을 넣어 질문하면 더욱 기억에 잘 남는다.

### ❸ 헤어질 때도 이름을 말한다

대화가 끝나고 그 자리를 떠날 때 반드시 상대방의 이름을 부르면서 인사한다. "그럼 ○○씨, 오늘은 정말 감사했습니다. 다음에도 만나 뵐 수 있기를 바랍니다."

이것만 잘 지켜도 처음 만났을 때 최소 세 번 이상 상대방의 이름을 소리 내어 부를 수 있는 기회가 있다. 이 세 번을 잘 활용하면 상대의 이름을 쉽게 기억할 수 있다. 가령 이름을 잘못 불러도 처음 세 번까지는 용서가 된다. 처음 대면하는 사람을 만나면 의무적으로 세 번 이

상 상대방의 이름을 불러 보자. 이름을 기억하는 일에서부터 당신의
인생에 큰 도움이 될 인맥 만들기가 시작된다는 점을 절대 잊지 말자.

# 04

## 상대방에 대해
## 진지한 관심을 갖자

사람과 사람 사이의 관계는 서로가 상대에 대해 잘 알아 가면서 더욱 깊어진다. 처음 만난 사람의 이름을 기억했다면 그다음에 해야 할 일은 서로를 좀 더 잘 알기 위한 노력을 기울이는 것이다. 그리고 우선은 당신이 먼저 상대방에 대해 알려고 노력하자. 그러기 위해서는 상대방에게 관심을 갖는 일에서부터 출발해야 한다.

하버드 비즈니스 스쿨은 한 학년의 학생 수가 900명이나 되는 대규모 집단이다. 그 900명이 섹션이라 불리는 10개 그룹의 홈룸클래스로 나뉘어 1년 동안 필수과목을 함께 배운다. 그 결과 섹션메이트 90명의 사이는 좁혀지고 이러한 관계가 하버드 비즈니스 스쿨에서 맺는 인간

세계 최고의 인재들은 왜 기본에 집중할까

관계의 기초가 된다.

한편 섹션메이트 외의 동급생과 만나는 기회는 그 후 2년에 걸쳐 지속적으로 이어진다. 쉬는 시간에 학생식당에서 만나거나, 스터디그 룹이라 불리는 자발적인 모임에 소속되거나, 문화나 운동과 관련된 클럽에서 함께 활동하거나, 기숙사 룸메이트가 주최하는 홈파티에서 함께 어울리거나 하는 기회가 빈번하게 발생한다.

이렇듯 하버드 비즈니스 스쿨에서는 처음 대면하는 사람과 인사를 나누고, 자기소개를 하고, 새로운 친구를 만들 수 있는 기회가 늘 있 다. 학기 초에는 하루에 자기소개를 하는 횟수가 수십 번에 이르는 날 도 있다. 이렇게 새로 알게 된 사람들과 지속적인 관계로 발전시키기 위해서는 나름의 노력이 필요하다. 그렇다면 이렇게 자기소개를 하 고, 상대방의 이름을 외우고 나면 다음엔 어떤 식으로 대화를 이어 나 가야 할까?

## 평범하지만 관계가 깊어지는 질문

먼저 상대방에게 관심을 가져야 한다. 상대방에게 관심을 가지면 대화가 자연스럽게 이어지고 서로의 정보를 공유하며 인간관계가 깊 어진다. 그때 도움이 되는 이야기 주제는 출신지와 개인적인 배경에 관한 정보이다.

하버드 비즈니스 스쿨에서 공부하는 학생의 출신지는 매우 다양하다.

"Where are you from(어디서 왔습니까)?"

이 질문은 평범한 것 같지만 가장 효과적인 질문이다. 그러고 나서 그곳은 어떤 곳인지, 어떤 음식이 맛있는지, 여행으로 갈 경우에는 어디를 둘러보면 좋은지를 묻는다. 그리고 상대방이 하는 일에 대해서도 자세히 물어본다. 무엇을 전공하고 어떤 일을 주로 했는지, 관심 있는 분야는 무엇이고 앞으로 희망하는 직종은 무엇인지 같은 것들 말이다.

사람은 누구나 자신에게 관심을 가져 주는 타인에게 자연스럽게 호감을 갖게 된다.

자신에게 관심을 가지는 상대와 대화하다 보면 어느 순간 자신의 이야기만 하고 있음을 깨닫게 된다. 처음 만난 사람에게 이렇게까지 많은 이야기를 털어놓고 있는 자신이 놀랍기까지 하다. 이유는 간단하다. 상대방이 자신에게 관심을 갖고 질문을 던졌기 때문에 자신도 열심히 설명할 뿐이다. 처음에는 자신에 대해 이야기하는 것에 약간의 저항감을 표시하는 사람도 있지만 진심으로 호감을 표시하고 관심을 갖고 질문하면 상대는 마음을 열어 준다.

결국 무엇보다 중요한 점은 자신이 먼저 진심으로 상대방에게 관심을 갖는 일이다. 형식적인 관심이 아니라 그 만남을 통해 상대를 더 이해하고 싶고 함께 뭔가를 더 배우고 싶다는 마음에서 비롯된 질문은 상대방에게도 반드시 전해진다.

세계 최고의 인재들은 왜 기본에 집중할까

그리고 진지하게 자신에게 관심을 가져 주고, 자신을 알려고 하는 상대방이 어떤 사람인지 궁금해진다. 결국 자연스럽게 자기도 상대방에게 질문해 보고 싶다는 생각이 떠오른다.

그 결과 두 사람 사이에서 공통점이 발견되고, 다음 약속으로 발전할지도 모른다. 서로의 차이점을 인정하고 상대의 부족한 부분을 채워 주는 보완관계가 된다. 이 사람을 만나면 새로운 지식을 얻고 긍정적인 기운을 받으며 서로에게 좋은 자극이 된다고 생각하면 자연스럽게 거리가 좁혀지고 진정한 관계로 발전하게 될 것이다.

# 상대방과 인상에 남는
# 시간을 공유한다

가깝거나 친하다고 생각하는 친구를 떠올려 보자. 아마 어린 시절부터 한동네에서 자라 코흘리개 모습까지 기억하는 친구, 학창시절에 만나 철없던 사춘기를 함께 보낸 친구의 얼굴이 먼저 떠오를 것이다. 왜 그럴까? 답은 단순하다. 이해관계를 초월하여 많은 시간을 공유했기 때문이다.

그렇다면 성인이 되어 사회에서 만난 상대방과 거리를 좁히고 싶다면 어떻게 해야 할까? 역시 함께 시간을 공유하면 된다. 이때 중요한 점은 만나는 장소와 시간을 바꿔 가며 시간을 공유하는 것이다.

하버드 비즈니스 스쿨의 캠퍼스에서는 수업을 함께 받은 적이 없거나 과외 활동을 함께해 볼 기회가 적었던 동급생이라도 졸업 후에 친해지는 예가 있다. 비록 캠퍼스에서는 자주 만나지 못했던 사이더라도 그들이 일본으로 찾아왔을 때 만나면 더욱 친밀감이 솟아나고, 그 후 사이가 매우 가까워졌다고 느끼곤 한다.

그리고 자신의 나라를 찾아온 상대방이 본인에게 연락해 준 것에 대해 고마움을 표현하고 다음에는 직접 가족을 데리고 상대방의 나라로 여행을 가겠다고 약속해 보자. 이런 약속만으로도 두 사람 간의 거리는 더욱 좁혀질 것이다.

하버드 비즈니스 스쿨 유학 중에 나는 아내와 함께 브라질을 찾아간 적이 있다. 그때 세계 3대 미항으로 꼽히는 리우 데 자네이루의 아름다운 해변과 거리를 안내해 주고, 구입한 지 얼마 안 된 자신의 아파트 방 한 칸을 기꺼이 내준 클래스메이트가 있다. 그 친구 덕분에 브라질에서 좋은 추억을 남길 수 있었다.

졸업 후 이번에는 그 친구가 일본을 찾아왔다. 브라질에서의 좋은 추억을 기억하는 우리 부부는 본가의 부모님과 가족들에게 그 친구를 소개하고 함께 어울리며 즐거운 시간을 공유했다. 일본에서의 짧은 일정을 마치고 다시 브라질로 돌아간 후, 우리는 다시 지구 반대편에 사는 먼 사이가 되었다. 하지만 그것은 물리적인 거리일 뿐 브라질과 일본에서 서로 공유한 추억 덕분에 우리는 늘 서로 연결되어 있는 것만 같은 기분이 든다.

## 의식적으로 다양한 경험을 만들어라

다른 사람과 함께 시간을 공유할 때는 주의할 점이 한 가지 있다. 바로 만나는 장소나 환경을 바꿔 보는 일이다. 예를 들어 낮에 만나 점심식사를 함께한 상대방과 다음에 만날 때에는 저녁식사를 함께할 수 있도록 자리를 마련한다. 술자리에서 만난 상대라면 다음에는 밝은 시간대에 만나 점심식사를 함께하거나 여유 있게 커피를 마시는 식이다.

업무 현장에서 한 번 만났던 사람과는 일과 상관없는 장소에서 만나고, 정장 차림으로 명함을 교환한 상대라면 다음에는 편안한 차림으로 만나 보길 권한다. 혹은 사람들이 많은 장소에서 만나 함께 어울렸던 상대라면 다음에는 단둘이서 만나 본다. 둘이서 만난 상대라면 다음에 만날 때는 가족이나 친구를 소개해 준다.

사람들과 만날 때 상대의 인식에 강하게 남기 위해서는 가능한 한 처음 만났을 때와 전혀 다른 환경에서 만나 시간을 공유하는 방법이 효과적이다.

다른 환경에서 시간을 공유하는 것이 왜 중요할까? 그 이유는 다양하게 공유한 시간과 공간에 대한 기억이 즐거운 추억이 되어 두 사람의 관계 속에서 차곡차곡 쌓이기 때문이다. 그리고 이러한 추억은 서로의 거리를 좁혀 준다.

내가 맥킨지에 근무하던 시절 나에게 많은 도움을 주었던 한 상사는 자기 집에서 종종 홈 파티를 열어 프로젝트 멤버들을 초대하곤 했다. 나도 아내와 함께 몇 번인가 참석한 적이 있었는데 정말 특별한 경험이었다.

가족과 함께 이야기를 나누는 회사 동료의 모습은 우리가 평소 사무실에서 보던 모습과 사뭇 달랐다. 평소 사무실에서 엄격한 모습만 보이던 상사는 의외로 가족에게 무척 다정다감한 가장이었다. 그리고 사랑스러운 딸 앞에서는 워커홀릭의 모습을 전혀 찾아볼 수 없었던 동료도 있었고, 듬직한 남편 옆에서는 한없이 부드러운 아내의 모습이 되는 여성 후배의 새로운 면을 볼 수도 있었다.

이런 경험은 새롭게 시작하는 프로젝트를 앞두고 동료 의식을 강화시켜 주었다. 비단 회사에서만 어울리는 동료가 아니라 소중한 가족을 함께 만나고 정을 나눈 돈독한 사이가 된 동료들은 더욱 단결된 마음으로 프로젝트를 수행했고 그 결과 더 좋은 성과를 낼 수 있었다. 그리고 몇 년의 시간이 지난 후 각자 소속된 회사가 달라지고 나서 다시 재회할 기회가 있었다. 그때 우리는 마치 오랜 동지나 전우를 다시 만난 듯 매우 반가워하며 자연스레 서로 가족들의 안부까지 묻는 사이가 되었다.

지금도 그때의 프로젝트 멤버를 만나면 다른 동료에 비해 좀 더 친밀한 사이라는 느낌이 든다.

그 외에도 나에겐 사회인이 되고 난 뒤 만났지만 시간을 함께 보내고 즐거운 추억을 공유한 덕에 마치 학창시절부터 만난 오래된 친구처럼 각별하게 느껴지는 사람이 많다.

주말에 가족 동반으로 교외에 나가서 함께 바비큐 파티를 열었던 즐거운 추억, 1박 2일로 함께 여행을 갔던 경험, 맛있는 한 끼 식사를 위해 멀리까지 이동했던 시간 ……. 이런 추억이 차곡차곡 쌓일수록 사이는 가까워지고 관계는 돈독해진다.

항상 같은 곳에서, 같은 멤버가, 같은 시간대에 모인다면 색다른 추억이나 서로에 대한 새로운 발견은 불가능하다. 게다가 모처럼 공유한 시간도 소중한 추억으로 쌓이지 않는다. 사회인이 되고 나서 만난 사람과 특별한 관계로 발전시키고 싶다면 의식적으로 다양한 환경에서 시간을 공유해야 한다.

# 06

## 선배, 상사와의 술자리를
## 피하지 않는다

회사에서 함께 일하는 동료와 선배, 상사와의 술자리에 적극적으로 참가해야 하느냐 마느냐에 대해서는 다양한 의견이 있다. 개인적으로 술자리에서의 친목 도모는 사회생활에서 매우 중요하다고 생각한다. 사무실에서 벗어나 선배나 상사와 함께 시간을 보낼 수 있는 귀중한 기회이기 때문이다.

선배나 상사는 자신의 눈높이를 높여 주는 가장 좋은 멘토인 만큼 그들에게 적극적으로 조언을 구해야 한다. 그들로부터 조언과 정보를 이끌어 낼수록 자신의 성장 속도가 더욱 빨라지기 때문이다.

각자 후배나 부하 직원을 대할 때의 마음가짐을 한번 떠올려 보자.

자신이 좋아하는 후배나 아끼는 부하 직원에게는 일하면서 깨달은 점이나 프로젝트를 진행할 때 조심해야 할 부분을 그때마다 피드백해주려고 한다. 때로는 자신의 경험을 바탕으로 후배에게 가치 있는 조언을 해주기 위해 기꺼이 시간과 노력을 아끼지 않을 것이다.

그럼 선배와 상사에게 피드백을 받을 수 있는 관계를 구축하기 위해서는 어떻게 하면 될까? 가장 좋은 방법은 자신이 먼저 선배나 상사를 따르는 것이다. 반대의 경우를 생각해 보면 될 것이다. 후배나 부하 직원이 자신에게 조언을 구하려 하고 어려움이 있을 때마다 진지하게 상담을 요청한다면 자신을 믿고 따르는 후배에게는 저절로 마음이 열리게 된다.

대학교 졸업 후 골드만 삭스에 입사하고 나서 3년쯤 될 때까지는 그날그날의 업무에 쫓겨 동기들과 보내는 시간이 거의 없었다. 처음 반년 동안은 그런 생활이 갑갑하게 느껴지기도 했다. 특히 내가 소속된 팀에는 동기들이 적어서 나이는 물론 경험도 몇 단계 위에 있는 선배나 상사와 보내는 시간이 압도적으로 많았다. 쉽게 마음을 터놓을 수 있는 동기가 없어 아쉽기도 했지만 반면 그런 환경에서 일하다 보니 나보다 훨씬 앞서 있는 선배나 상사를 따라잡고 싶다는, 추월하고 싶다는 욕심이 생기기도 했다.

'저 상사는 어떻게 일을 잘하는 걸까?' '저 선배는 어떻게 하루 동안 그 많은 일을 완벽하게 처리할 수 있는 거지?' 나는 그들과 함께 일하면서 자연스럽게 그들의 업무 방식을 관찰하는 습관이 몸에 배기 시작했다. 어디에서 어떤 일을 하건 자신의 눈높이는 항상 지금보다 더 높은 곳에 두자. 그리고 건설적인 피드백을 받을 수 있도록 선배나 상사와 좋은 관계를 구축하는 데 노력을 기울이자. 상사나 선배로부터 보이지 않는 많은 도움을 얻어 낼 것이다.


## 나를 일으켜 세운 상사의 피드백

골드만 삭스에서 일하던 시절, 클라이언트와 협상을 마치고 나면 종종 팀원들과 술을 곁들인 식사 자리를 만들곤 했다. 치열한 업무가 끝나고 함께하는 이 자리에서는 평소에 할 수 없는 이야기가 오간다. 그리고 이런 장소야말로 귀중한 피드백을 받을 수 있는 기회이기도 하다.

상사에게 받은 피드백 중 내가 결코 잊을 수 없는 한마디가 있다. 골드만 삭스에 입사하고 1년째 되던 해의 겨울이었다. 사회에 처음 발을 들이고 정신없이 일을 배우던 시기였다. 클라이언트와의 미팅을 마치고 돌아오는 길에 가볍게 식사를 하러 갔다. 좋은 성과를 올린 터라 기분 좋게 술을 마시던 중 갑작스럽게 상사로부터 뜻밖의 한마디가 날아왔다.

"도쓰카는 이번 프로젝트에서 일을 꽤 잘하더군."

평소 사무실에서는 엄한 모습으로 일관하던 상사였기에 그에게서

설마 그런 칭찬을 들을 줄은 상상도 못 하고 있을 때의 일이었다.

그 한마디에 고무된 나는 자신감을 가질 수 있었다. 그리고 자신감이 생기자 난생처음으로 일이 즐겁다고 느껴지기 시작했다. 대학을 갓 졸업하고 당시 사회의 냉혹함을 통감하며 한없이 움츠러들던 시기였다. 일에서는 실수투성이였고 자신감은 점점 줄어들던 바로 그 순간 상사가 해준 한마디가 사회인으로서 자리를 잡는 데 기초를 만들어 주었다고 생각한다.

사실 지금 돌이켜 보아도 상사의 칭찬을 받을 만큼 일을 잘했다고는 생각하지 않는다. 자신감이 없는 모습으로 일하고 있는 내 모습을 지켜본 상사가 계기를 만들어 주기 위해 배려해 준 한마디였다고 생각한다.

여기서 중요한 한 가지는 상사가 나에게 피드백을 건넨 장소가 사무실이 아닌 전혀 다른 장소라는 점이다.

컴퓨터 화면을 보고 있거나, 자료를 만들고 있거나, 거래처와 전화를 하고 있는 경우가 대부분인 사무실에서 일하는 동안 커뮤니케이션이 이루어지는 시간은 의외로 적다. 어쩌다 대화를 나눈다고 해도 일과 관련된 실무적인 이야기뿐이다. 한정된 시간이다 보니 불필요한 이야기를 줄이고 효율적인 커뮤니케이션을 위해 최대한 신속하고 간단하게 대화를 나누는 것이다. 사무실이라는 공적인 공간은 사적인 대화를 나눌 필요가 없는 곳이기도 하다. 이러한 공간에서는 함께 지내면서도 커뮤니케이션이 충분히 이루어지지 못한다. 그렇기 때문에

세계 최고의 인재들은 왜 기본에 집중할까

사무실을 나와 다른 공간에서 커뮤니케이션을 하게 되는 기회가 상대적으로 소중할 수밖에 없다.

가끔은 사무실을 벗어나 서로에게 귀중한 시간의 일부를 공유해 보자. 다음으로 사무실 내에서는 하기 어려운 이야기를 나눠 보자. 술의 힘을 빌리는 방법도 좋다. 일터에서 상사에게 피드백을 받는 일이 다소 부담스럽지만 술자리에서라면 조금 더 편안하게 긴장감을 풀고 말할 수 있는 부분도 있다. 서로의 신뢰가 강화되는 계기가 될 것이다.

또한 이런 기회에 진심 어린 조언을 들을 수도 있다. 더군다나 평소에는 몰랐던 상사의 또 다른 일면을 엿보게 되어 서로를 좀 더 이해하는 계기가 될 수도 있다.

골드만 삭스, 맥킨지에서도 이런 술자리에서의 대화는 동료나 선배, 상사와 교류할 수 있는 매우 소중한 기회였다. 이런 자리에서 들은 귀중한 조언은 당시에나 지금이나 내게는 소중한 자산이다.

## 07

## 아무리 바빠도 일주일에 한 번은
## 일과 관계없는 사람을 만난다

일주일에 한 번 정도 회사 밖의 친구나 지인과 만나 서로 다른 분야의 정보를 교환하면 새로운 시야와 폭넓은 인맥을 넓히는 데 매우 효과적이다.

자신과는 전혀 다른 분야에 관심을 가진 사람, 국가나 종교가 다른 환경에서 자란 사람, 다른 업계에서 일하는 사람, 연령대나 가치관이 다른 사람과 적극적으로 만나고 이야기를 나눠 보아야 한다.

이런 자리를 통해 자신이 평소에 생각지도 못한 무언가를 발견하거나, 새로운 목표를 찾아내기도 하고, 풀리지 않았던 일에 대한 돌파구가 떠오른다거나, 상상도 하지 못했던 인연으로 발전할 수도 있다.

이런 기회가 있었구나, 이런 방법으로 해결할 수 있겠구나, 이런 가치 창출 방법도 있었구나 등과 같이 자신의 커리어를 더욱 발전시키고 스스로 더 크게 성장하는 기회를 마련할 수 있다.

하버드 비즈니스 스쿨에서 유학하면서 가장 가치 있었던 경험은 다양한 환경과 가치관, 사고방식을 가진 클래스메이트를 만나 그들과 함께 많은 이야기를 나누며 다양한 의견을 교환했던 일이었다. 그리고 결과적으로 그렇게 공유했던 시간을 토대로 나는 전 세계적인 인맥을 완성할 수 있었다.

하버드 비즈니스 스쿨에서 공부하는 동안 나는 정기적으로 클래스메이트와 점심을 먹으려고 노력했다. 친구나 클래스메이트와 함께 식사하는 일은 별일 아닌 것 같지만 매일 예습과 복습에 쫓기듯 지내야 했던 당시 상황에서는 억지로라도 시간을 만들지 않으면 결코 쉽지 않은 일이기도 했다. 실제로 유학 첫해에는 수업 과제에 쫓겨 클래스메이트와의 교류에 충분한 시간을 쓸 수 없었다. 그리고 2년째가 됐을 때 비로소 시간을 효율적으로 배분하는 법을 깨닫고 클래스메이트들과 어울릴 수 있게 되었다.


## 회사 밖 네트워크를 활성화하는 세 가지 요령

세계 최고의 컨설팅 회사인 맥킨지에서 근무하는 컨설턴트 가운데는 바쁜 일상 속에서도 회사 밖의 교류에 공들이는 사람이 많다. 다양한 업계의 지식이나 정보가 컨설턴트 업무를 하는 데 필수적이기 때문이다.

게다가 컨설턴트 이후의 다음 커리어 목표를 설정하기 위해서도 자신이 몸담고 있는 업계 외의 다양한 정보와 의견 교환이 도움되기 때문이다. 실제로 나도 회사에서 독립한 후 회사를 창업할 때까지 친구와 지인들의 인맥을 통해 내가 알지 못하는 업계의 사람들과 만나는 자리를 만들었고 그들과 어울리면서 가치 있는 정보나 조언을 충분히 얻을 수 있었다.

회사 밖 네트워킹을 효과적으로 하기 위해서는 다음의 세 가지 요령이 필요하다.

### ❶ 일주일에 최소 한 번 이상의 시간을 확보한다

아무리 바빠도 반드시 정기적으로 시간을 확보해야 한다. 눈앞의 일이 바빠지면 자기도 모르게 그 일에 몰두하게 된다. 그렇게 일에 빠진 채 정신없이 지내다 보면 어느새 몇 개월이나 스스로를 세상과 단절시킨 채 생활해 시야가 좁아질 위험이 있다. 지금 한번 명함 수첩을 확인해 보자. 만약 한 달 동안 업무적인 미팅을 제외하고 새롭게 만난 사람의 명함이 늘어나지 않았다면 이는 위험신호다. '일주일에 한 번'으로 설정하면 한 달에 최소 4~5장의 명함은 반드시 늘어날 것이다.

**❷ 신뢰하는 친구와 지인을 통해 새로운 사람을 만난다**

세상에는 사람들과 어울리는 이벤트나 모임이 수없이 많다. 이와 같은 이벤트에 참가한 경험이 별로 없는 사람이라면 우선 어울리기 쉬운 모임부터 참가해 보길 권한다. 아무리 친화력이 좋은 사람이라도 아는 사람이 전혀 없는 모임에 나가는 일은 쉽지 않다. 하지만 신뢰하는 친구나 지인에게 소개받은 모임이라면 조금은 더 쉽게 시작할 수 있다. 또한 아무런 의미 없는 모임에 나가서 바쁜 시간을 낭비하기보다는 지인을 통해 의미 있는 모임을 소개받는다면 성과가 있는 관계를 만들 가능성이 높다는 점도 잊지 말자.

**❸ 느낌이 오면 즉시 만난다**

일주일에 한 번이라고 횟수를 정해 놓았다 해도 인연은 갑작스럽게 찾아오는 법이다. 누군가와 처음 만났을 때 느낌이 왔다면 바로 다음 주에라도 다시 만나자고 약속을 잡아야 한다. 친구로부터 누군가를 소개해 주겠다는 이야기를 들었을 때도 직감적으로 흥미를 끄는 사람이 있다면 설정해 놓은 횟수에 구애받지 말고 언제든지 만나야 한다.

그동안 일에 매여 제대로 사람들과의 관계를 만들지 못했던 사람이라도 일단 사무실 밖으로 나가 보면 업무와 관계없이 다양한 분야어서 활동하는 사람과의 관계가 얼마나 건설적인지 알게 된다. 물론 한두 번의 단발성 만남에 그친다면 원하는 만큼 깊이 있는 관계를 맺기란 쉽지 않을 것이다. 바쁜 일과에 쫓긴 나머지 오히려 시간을 내 모임에 참여하는 것에 부담을 느낄 수도 있다. 하지만 좀 더 마음의 여유를 갖고 최소 6개월 이상 꾸준히 실천하면 분명 새로운 관계를 통해 얻는 수많은 정보와 인맥에 감탄하게 될 것이다.

억지로라도 시간을 확보하라. 그리고 신뢰하는 사람을 통해 새로운 모임과 친구를 소개받고, 자신의 직감에 따르라. 무엇보다 적극적으로 사무실을 벗어나 보길 바란다.

☐

이해관계를 초월한 진정한 관계를 추구한다면 결과적으로 인간관계는 발전
한다.

☐

하버드 비즈니스 스쿨의 학생은 인맥을 쌓기 위해 다른 사람과 보내는 시간
과 비용을 절대 아까워하지 않는다.

☐

처음 만난 상대방의 이름을 직접 불러 보며 자신의 입과 귀로 반드시 확인한다.

☐

"출신지는 어디입니까?"는 첫 만남의 어색함을 풀어 주는 질문이다.

☐

선배나 상사를 따르면 도움이 되는 피드백을 받을 수 있다.

☐

일주일에 한 번은 일과 전혀 관계가 없는 사람을 만난다.

# 외국인과 인사할 때
# 주의해야 하는 인사법

사무실 안쪽에는 미소가 가득한 얼굴로 "Nice to meet you."를 연발하면서 큼지막한 왼손으로 서툴게 명함을 받아드는 장신의 백인 남성이 있다. 그의 앞에는 명함을 교환하기 위해 자신의 차례를 기다리는 비즈니스맨이 줄을 이루고 있다. 나는 그 백인 남성이 명함을 들고 차례를 기다리는 그 기나긴 행렬을 처음 보고 남몰래 당혹스런 표정을 지었던 순간을 지금도 기억한다.

그 광경은 지금도 나의 뇌리에 또렷이 남아 있다. 그는 내가 골드만삭스에 입사하고 나서 처음 배정받은 프로젝트 팀을 이끌던 인베스트먼트 뱅커로 서양식 업무 방식이 몸에 밴 사람이었다. 그런 그에게 일본식 명함 교환은 낯설고도 신기한 풍경이었을 것이다.

업무에서든 개인적인 모임에서든 첫인상의 중요성은 의심할 여지가 없다. 첫인상은 말 그대로 처음 만난 순간에 생기는 상대방에 대한 인상을 의미한다. 그렇다면 업무의 일환으로 외국인과 만날 때 상대방에게 호의적인 인상을 주기 위해서는 어떤 방법이 효과적일까?

일본에서 비즈니스맨들은 처음 만나면 우선 명함을 교환하고 정중하게 인사를 나눈 뒤 자리에 앉아 명함을 순서에 따라 테이블에 놓는다. 엄숙한 공기가 주변에 흐르고, 상석에 앉은 사람이 천천히 말을 꺼내면 비로소 대화가 시작된다. 마실 차가 나오면 본론으로 들어간다. 명함을 교환할 때는 상대방에게 인사부터 하고 겸허하게 시선을 떨어뜨린 후 양손으로 정중하게 자신의 명함을 앞으로 내민다. 아랫사람이 먼저 명함을 내밀고, 절대로 한 손으로 상대방의 명함을 받지 않는다.

반면 미국에서의 비즈니스 미팅은 일본과 사뭇 다르다. 처음 대면하는 자리에서는 자신이 어떻게 파트너로서 신뢰를 주고 또 얼마나 일을 잘 처리할 수 있는지, 업무를 떠나 인간으로서도 친근함과 믿음을 주는 사람이라는 인상을 줄 수 있는지가 매우 중요하다.

명함 교환은 어디까지나 훗날 상대방에게 연락할 때 필요한 연락처를 교환한다는 목적이 강할 뿐이지 명함 교환 자체에 얽매일 이유는 없다. 누가 먼저 명함을 전달할지, 얼마나 정중하게 받아야 하는지는 서양 비즈니스에서 절대 중요하지 않다. 따라서 외국인 비즈니스맨과 인사하는 자리에서는 명함 교환에 에너지를 쏟는 기존의 방식에서 벗어나는 것이 중요하다.

그리고 상대방에게 자신만의 좋은 인상을 심어 주기 위해 노력해야 하는데 이때 가장 중요한 비결은 무엇일까? 이는 바로 '악수의 질'이다.

자신이 먼저 손을 내밀고, 상대방의 눈을 똑바로 보고 미소를 지으

띤서 확실하고 강하게 2초 동안 상대방의 손을 잡는다. 그리고 이와 동시에 자신의 이름을 명료하게 전달한다. 상대방이 들었는지 확인하면서 만약 상대방이 잘 알아듣지 못했다면 스펠링으로 보충한다. 예를 들어 나는 사람들과 처음 만나 인사를 나눌 때는 내 이름을 천천히 또박또박 말한다.

"Hi, I am Taka, T, A, K, A, Taka."

이때 한 가지 더 중요한 포인트는 상대방의 이름을 흘려듣지 말고 반드시 머릿속에 새겨 넣은 다음 상대방의 이름을 소리 내서 확인하는 것이다.

여기서 악수의 '질'이라 표현하는 이유는 미국의 비즈니스 미팅에서 나누는 악수는 일본인끼리의 스스럼없는 악수와는 확연하게 다르기 때문이다. 힘껏 꼭 쥐어야 한다. 나긋나긋하게 살짝 쥐는 힘없는 악수는 절대 좋은 인상을 주지 못한다. 여성의 경우는 우아하게 악수를 하되 심지가 강하다는 점을 어필할 수 있도록 역시 2초 동안 확실하게 악수를 나누는 것이 바람직하다.

명함 교환은 악수가 끝나고 서로 자기소개를 마친 후에 한 손으로 자연스럽게 상대방에게 자신의 명함을 건넨다. 누가 먼저 명함을 내밀지, 한 손으로 받을지 양손으로 받을지 등을 걱정할 필요는 없다. 도 고개를 숙일 필요도 없다.

일본에서 명함을 주고받는 방식처럼 시선을 내리고 겸허하게 명함을 내민다면 상대에게 오해를 줄 가능성이 높다. 상대방의 눈을 직시

세계 최고의 인재들은 왜 기본에 집중할까

하지 않고 고개를 숙여 인사하는 모습은 자신감이 결여된 인물이라는 인상을 줄 수 있기 때문이다. 더욱이 악수하지 않은 채 자신을 소개한다면 어딘가 데면데면하게 느껴져서 서로 간에 벽을 만들지도 모른다.

그리고 무엇보다 가장 큰 문제는 상대방에게 자신의 얼굴과 이름을 기억시킬 수가 없고, 자신도 상대방의 이름과 얼굴을 기억할 수 없다는 점이다. 그저 주위 사람들과 재빠르게 명함을 교환하는 데 열중하다 보면 결과적으로는 회사 이름과 직함이 적힌 명함밖에 남지 않는다. 인사가 모두 끝난 뒤 자리에 앉고 나서 상대방의 얼굴과 이름을 일치시키려고 노력하는 모습은 상대방에게는 우스꽝스럽게 보일 것이다.

악수만 성공적으로 마쳐도 저절로 대화가 시작되며, 스스럼없이 친근한 분위기 속에서 자연스럽게 본론으로 넘어갈 수 있다. 이렇게 익숙해지면 많은 사람이 참석한 대형 회의 석상에서도 상대방은 당신의 눈을 보며 이야기를 하게 될 것이다.

**The 48 Principles of Success**
**by The World's Leading Entrepreneurs**

2

C H A P T E R

# 자신의 내면과 외면을
# 가꾸는 일에 힘쓴다

# 08

## 엘리베이터에서 남을 먼저 내리게 하는 여유를 가진다

마음에 여유가 있으면 행동에도 여유가 생긴다.

행동에 여유가 있으면 마음에도 여유가 생긴다.

이는 긍정적인 사고가 좋은 결과를 낳고, 좋은 결과가 더욱 긍정적인 사고로 이어지는 사이클과 비슷하다. 우선은 마음가짐이나 사고를 바꾸고 다음으로 행동을 바꿔 간다. 새로운 마음가짐으로 행동하기 시작하면 그다음은 선순환이 생기게 마련이다.

나는 마음에 여유를 갖겠다는 생각을 지속적으로 유지하기 위해 평소 '애프터 유(after you)' 정신을 소중히 생각한다. 단순히 말하면 문을 열고 건물로 들어갈 때나 좁은 통로를 걸어갈 때, 되도록 상대방에게 길을 양보한다는 마음가짐이다.

양보하는 마음은 반드시 상대방에게 전해진다. 양보를 받은 상대는 감사를 표시하며 답례로 길을 양보해 준다. 이렇듯 상대방을 생각하는 마음은 반드시 전해지기 때문에 인간관계가 자연스레 원활해진다.


## 하버드에서 쉽게 발견할 수 있는 '애프터 유' 정신

골드만 삭스 시절에 지금도 잊을 수 없는 작은 사건이 있었다.

뉴욕에서 진행된 연수에 참가했을 때의 일이다. 전 세계에서 모인 신입사원들이 하나가 되어 한 달 동안 호된 트레이닝을 받았다. 하루는 회사 주최로 친목 도모를 위한 파티가 열렸는데 연수의 긴장감에서 해방된 동기들끼리 즐거운 시간을 보낼 수 있었다. 파티가 끝나고 나는 동기와 함께 호텔로 돌아왔다. 파티 내내 사람들과 인사를 나누고 이야기꽃을 피우느라 조금 피곤하기도 했고, 약간의 술기운도 돌던 우리는 무거운 몸을 이끌고 엘리베이터에 탔다.

나와 동기가 묵게 된 방은 다른 층이었다. 엘리베이터에 올라탄 우리 두 사람은 무의식적으로 상대방이 내리는 층의 버튼을 동시에 눌렀다. 나는 동기가 내리는 7층을, 동기는 내가 내리는 13층을 눌렀다. 서로가 상대방을 먼저 배려하려고 행동한 것이다. 무의식적인 행동에 나는 무척 놀랐고 한편으로는 내심 기분이 좋았다. 그리고 서로 양보하는 일이 얼마나 상대방의 기분을 유쾌하게 만들어 줄 수 있는지 새삼 깨달았다.

하버드 비즈니스 스쿨 학생들에게도 자연스럽게 남을 배려하고 양보하는 애프터 유 정신이 몸에 배어 있다. 학교 내 식당에서 빵이나 수프를 그릇에 담을 때, 기숙사 문을 열고 드나들 때, 강의실 자리를 잡을 때, 매점 계산대 앞에서 줄을 설 때, 주차장으로 이어지는 엘리베이터에서 스쳐 지나갈 때처럼 일상에서 벌어지는 모든 상황에서 상대에게 양보한다. 남성이 여성에게만 양보하는 레이디퍼스트뿐만이 아니다. 여성끼리, 남성끼리, 이성 간에도 이러한 양보는 빈번하게 볼 수 있다.

이렇게 애프터 유의 정신이 철저하게 배어 있는 까닭은 어렸을 때부터 양보하는 정신을 배워 왔기 때문이다. 민족, 인종, 출신지, 모국어 등이 다양한 사회에서는 동일 민족 간의 암묵적인 상식이라고 통용될 만한 기준이나 룰이 없다. 그렇기 때문에 오히려 명백하고 이해하기 쉬운 룰을 만들기 용이하다.

우리에겐 다소 낯설게 느껴지는 애프터 유 정신도 실은 미국 사회에서는 자연스럽게 이루어지는 룰이다. 만약 상대방에게 양보하고 배려하는 데 신경 쓰지 않는다면 기본적인 인간관계를 맺는 일조차 어려워진다.

그런데 서로 양보하는 데 있어서 한 가지 주의해야 할 점이 있다. 위에서도 잠깐 언급했듯이 애프터 유는 남성과 여성을 구별하지 않고 실천하는 배려이다. 그럼 만약 남성과 여성이 서로 양보하는 경우가 생겼을 때는 어떻게 해야 할까? 물론 남성이 여성에게 양보해야 한다. 여성도 그때는 순순히 양보를 받고 답례 인사를 전하는 편이 좋다.

# 09

## '미안합니다'보다
## '감사합니다'를 전한다

　다른 사람에게 흔쾌히 "감사합니다."라고 말할 수 있는 사람을 보면 멋있다는 생각마저 든다. 감사의 마음을 자연스럽게 나타내기 위해서는 항상 남을 공평하게 대하고, 남의 호의를 격의 없이 받아들이는 마음이 없으면 할 수 없다고 생각하기 때문이다.

　그 때문인지 감사한 마음을 제대로 표현할 줄 아는 사람에게는 자신감이 느껴진다. 한편 늘 사과만 하는 사람을 보면 안쓰러운 마음이 든다. 어딘지 모르게 작고 초라하다는 생각이 들고 자신감이 없는 사람으로 느껴지기 때문이다.

## '미안합니다'의 속뜻

일본에서 '스미마셍(すみません)'은 아주 흔히 사용되는 말이지만 나는 되도록 이 말을 쓰지 않으려고 한다. '스미마셍' 안에는 "감사합니다."라는 감사의 의미와 "죄송합니다."라는 사죄의 의미가 모두 들어 있다. 따라서 어떤 경우에도 사용할 수 있는 장점이 있다.

하지만 반대로 그 말은 감사의 마음을 전하기에는 불충분하게 들릴 수 있고, 또 사죄의 마음을 전하고 싶어도 그 어정쩡함 때문에 진심에서 우러나오는 사죄로 들리지 않는 경우도 있다.

나는 '스미마셍'이라는 말이 입에 나올 것 같을 때는 잠깐 사이를 두었다가 말하려고 한다. 그리고 감사의 마음을 전하고 싶을 때는 반드시 "감사합니다."를 선택하려고 한다. 반대로 사과를 하고 싶을 때는 "죄송합니다."라고 마음을 담아 정중하게 말하려고 한다.

우리가 평소 습관처럼 말하는 '스미마셍' 중에 80~90퍼센트는 감사의 마음이 차지하고, 사죄의 의미는 20퍼센트가 되지 않는다고 한다.


## 10명 중 9명은 '땡큐'로 대답한다

하버드 비즈니스 스쿨의 학생들은 "감사합니다."를 입에 달고 산다. "Thank you."나 "Thanks." 때로는 "I appreciate it."라고 정중한 표현을 쓸 때도 있다.

한편 "Excuse me." "I'm sorry."는 정말로 사과가 필요할 때만 쓴다. 미국인은 좀처럼 사과를 하지 않는다고 하는데, 하버드 비즈니스스쿨 학생들은 사과해야 할 때는 솔직하게 사과한다. 솔직하게 사과할 수 있는 것도 자신감의 표현일 것이다.

감사의 마음은 말로 표현할 때 더욱 커진다. 그리고 그 말을 들은 상대의 마음에도 온기가 피어오른다. 돈이나 시간이 들어가는 일도 아니고 수고로운 일은 더더욱 아니다. 그저 잠깐의 쑥스러움을 참고 한마디만 하면 되는 일이다. 이 간단하고도 편리한 단어가 당신의 업무와 일상을 바꿔 놓을 것이다. 꼭 시험해 보길 바란다.

# 10

## 정답이 없는 문제도
## 최선을 다해 고민한다

삶에서 부딪히는 모든 문제에 반드시 정답이 존재하는 것은 아니다. 그렇기 때문에 스스로 문제를 인식하게 되면 논리적으로 생각해서 결론을 이끌어 내는 자세가 중요하다. 하지만 이를 실천하기란 매우 어렵다.

그 이유는 우리가 자라 온 교육 환경에서 찾아볼 수 있다. 일본의 교육 제도 안에는 항상 정답이 존재하는 시험이 있고 그 시험 결과로 진학 여부가 가려진다. 이는 한국 상황도 크게 다르지 않다. 이러한 환경 속에서 성장한 사람들은 언제나 정답을 찾는 데 익숙하다. 하지만 이런 방식은 비즈니스 사회에서는 절대 통하지 않는다. 우리가 직

세계 최고의 인재들은 왜 기본에 집중할까

면하는 대다수 문제에서 객관식 시험처럼 딱 맞아 떨어지는 정답을 찾아내기 쉽지 않기 때문이다.

　비즈니스맨으로 살아가기 위해서는 현실의 다양한 문제에 대해 자기 나름대로 과제를 설정하고, 답을 찾아내려고 노력하는 것이 중요하다. 이를 위해서는 신문이나 책을 읽는 방법이 효과적인데 이 점에 대해서는 나중에 다시 설명하겠다.

　나 또한 대입 시험을 치르면서 그야말로 일본의 수험 시스템을 고스란히 적용받으며 자라 온 세대이다 보니 나의 사고도 저절로 정답을 구하는 방식에 익숙해져 있다는 것을 하버드 비즈니스 스쿨에서 깨달았다.

　그곳에서 유학하던 초창기에는 '정답이 없는 문제'를 만났을 때 당황했던 적이 정말 많았다. 하버드 비즈니스 스쿨은 정답이 없는 현실 세계의 문제를 어떻게 해결할 것인지 스스로 과제를 설정하고, 각각의 논리를 구축하여 답을 이끌어 내는 훈련을 원망스러울 정도로 철저하게 시키는 교육기관이기 때문이다.


## 정답을 가르쳐 주지 않는 하버드 교수들

　하버드 비즈니스 스쿨은 특화된 MBA 프로그램을 통해 '전 세계에 변화를 일으킬 리더를 키운다'라는 목적으로 교육하고 있으며, 이를 가르치는 효과적인 학습 방법으로 사례연구법을 가장 중요시한다.

하버드 비즈니스 스쿨은 모든 수업에서 기업, 국가, 지자체, 기타 조직이나 개인의 문제를 주제로 선정해 케이스 스터디 방식으로 토론을 진행한다. 학생은 사전에 예습을 통해 자기 나름대로 분석, 생각, 결론을 준비함으로써 강의실에서 벌어질 토론에 대비한다.

교수는 '정답'을 일방적으로 가르치지 않는다. 어디까지나 오케스트라의 지휘자처럼 학생 간의 토론을 이어주는 연결고리 역할을 하면서 학생 스스로 깨달음을 얻을 때까지 열띤 토론을 이끌어 갈 뿐이다. 실제로 케이스를 받아들이고 분석하는 가치관, 기준, 인식 등이 학생마다 모두 다르기 때문에 케이스를 해결하기 위한 하나의 정답을 도출한다는 건 처음부터 불가능하다.

물론 비즈니스 스쿨에 진학해 공부하지 않아도 '정답이 없는 문제'는 지천으로 널려 있다. 평소에 스스로 세상의 현실 과제를 눈여겨보고, 자기 나름의 답을 찾아내는 노력이야말로 비즈니스맨에게 가장 필요한 덕목이다.

# 11

## 사고의 차이를 가져오는
## 맥킨지 식 독서법

인터넷이나 스마트폰의 보급 덕분에 정보 수집은 이전에 비해 믿을 수 없을 정도로 쉬워졌다. 바꿔 말하면 누구나 쉽게 정보를 수집할 수 있는 환경에서 이제는 정보(인풋) 자체로는 차이를 두기가 어려워졌고, 그 정보로부터 어떻게 자기 나름의 의견을 만들어 나가고 또 의미를 이끌어 낼 수 있느냐(아웃풋)에 따라 가치의 원천이 만들어지고 있다. 그럼 어떤 방법으로 자신의 의견이나 독자적인 생각을 구축하면 좋을까?

우선 책이든 신문이든 정보를 담고 있는 텍스트를 읽는 데 소요된 시간 이상으로 생각하는 시간을 오래 갖는 습관을 들이는 방법이 효과적이다. 맥킨지의 아시아·태평양 지역 회장을 맡아 글로벌 기업은 물론 지역 내 주요 국가와 도시의 자문역으로 오래 활동해 온 오마에 긴이치 씨는 성장을 추구하는 젊은 직장인들을 위한 인터뷰에서 "읽은 시간의 세 배를 생각하십시오."라고 말한 바 있다. 한 권의 책을 끝까지 다 읽는 데 두 시간이 걸렸다면 그 세 배인 여섯 시간을 생각하는 데 사용하라는 것이다. 나도 평소에 이 조언을 열심히 실천하고 있다.

한 페이지를 읽을 때마다, 혹은 한 단락을 읽을 때마다 페이지를 넘기는 손을 멈추고 읽은 내용을 머릿속에서 정리하는 방법을 써 보는 것도 좋다.

이러한 독서 과정을 좀 더 의식적으로 실천하는 편이 효과적이다. 단순히 정보 수집을 목적으로 한다면 속독력은 상당히 도움이 되는 능력임에 틀림없다. 그러나 앞에서도 말했듯이 사회인에게는 단순한 정보 수집이 아닌 정보 가공을 통한 독자적인 의견과 방법 수립이 매우 중요하다. 따라서 '정답이 없는 문제'를 풀기 위해 머리를 단련하고자 하는 목적이라면 의식적으로 '읽으면 세 배로 생각한다'를 실천해야 한다.

하버드 비즈니스 스쿨에서 진행되는 케이스 스터디도 실은 '읽으면 생각한다'를 실천하는 수업 중 하나이다. 하버드 비즈니스 스쿨의 차별화된 수업 방식인 케이스 스터디는 사실 독서량만 놓고 보면 그리 많은 양은 아니다. 그러나 읽고 나서, 혹은 읽으면서 생각하도록 만드는 것이 바로 이 교육의 주목적이다.

1대 3의 법칙을 실천하려면 우선 한 개의 장을 모두 읽고서 다음 장으로 넘어가기 전에 그 장의 내용을 요약해 정리한다. 이 방식을 사용할 경우 끝까지 읽은 한 권의 책에는 장별로 요약본이 남는다.

　다음으로 요약한 내용을 분류하고, 논리 구성을 정리한다. 그리고 주요 메시지를 이끌어 낸다. 마지막으로 자기 나름의 의미를 찾는다.

　여기서 중요한 점은 갑자기 책 전체의 주요 메시지로 건너뛰지 않는 것이다. 우선은 장별로 내용을 정리하고, 메시지를 집약하는 과정이 바람직한 훈련 방법이다. 그리고 마지막으로 자신에게 중요하다고 생각하는 의미를 반드시 이끌어 내야 한다는 점을 잊어서는 안 된다.

# 12

신문은 세상의 반응을
생각하면서 읽는다

골드만 삭스에서 배운 스킬 중 하나가 바로 '마켓 감각'이다.

간단히 말하면 마켓은 수요와 공급으로 가격이 정해진다. 즉 매수자와 매도자의 장래에 대한 기대에 맞춰 매매가와 매매량이 결정되는데 마켓이란 마치 살아 있는 생물처럼 순간순간 변한다. 실물경제의 마켓도 금융 마켓과 같아서 소비자와 공급자 간의 장래 기대에 맞춰 거래가와 거래량이 결정된다.

매수자와 매도자, 소비자와 공급자의 기대가 변하는 요인은 정보와 심리이다. 매일매일 업데이트되는 정보에 사람들은 민감하게 반응하고, 금융 마켓과 실물 마켓 모두 이에 따라 시시각각 변한다. 그렇기 때문에 비즈니스맨 입장에서는 정보를 어떻게 효율적으로 입수하느냐가 매우 중요하다고 할 수 있다.

그렇다면 주요 신문이 다루는 정보는 과연 얼마나 귀중한 가치를 가지고 있을까? 언제 어디서나 쉽게 정보를 얻을 수 있는 오늘날, 신문이나 텔레비전 뉴스는 정보를 가장 쉽게 수집할 수 있는 수단이다. 바꿔 말하면 텔레비전 뉴스나 주요 신문에서 다루는 정보는 당연히 알아야 하는 기본, 모르면 결정적인 핸디캡이 된다.

뉴스와 신문에서 접한 정보를 이해할 때 무엇보다 중요한 점은 그 정보에 대해 세상이 어떻게 반응하느냐를 판별하는 것이다. 정보 그 자체가 아니라 정보를 받아들인 사회의 변화에 주목해야 한다는 의미이다. 그럼으로써 세상의 움직임에 대해 자기 나름의 의견을 갖고 더 나아가 정보를 활용하고 차별화하는 능력을 키워 나갈 수 있다. 뉴스는 흘려듣지 말고, 신문은 건성으로 읽지 않으면서 새로운 정보를 재료로 활용해 자기 생각을 구축하는 발판을 마련해 나가야 한다.

내가 신문을 읽을 때 특히 주의하는 세 가지를 소개하겠다.

**❶  그 정보에 사람들이 어떻게 반응할지 예측한다**

당연히 알아야 하는 정보를 놓치지 말아야 하는 이유는 무엇일까? 그것은 그 정보에 의해 마켓이 어떻게 움직이는지를 예측할 수 있기 때문이다.

예를 들어 애플이 차세대 아이폰의 발표 시기를 연기했다고 가

정해 보자. 그렇다면 과연 애플의 경쟁 기업은 어떻게 대응할까? 또 애플에 부품을 공급하는 일본 기업의 실적에는 어떤 영향이 있을까? 그렇다면 그 결과 일본 경기는 얼마나 나빠질까? 그리고 자기 일이나 중기적인 커리어에는 어떤 변화가 있을까? 뉴스 하나하나마다 세상이 어떻게 대응하고 움직이는지를 매일 고민하고 자기 나름의 답을 찾는 노력은 자기 생각을 형성하는 데 매우 효과적인 훈련이 된다.

❷ **정보는 반드시 종이 신문을 통해 읽는다**

뉴스(news)는 문자 그대로 새로운 정보를 의미한다. 세상 모든 뉴스는 저마다 가치나 중요도가 다른데, 그 뉴스가 얼마나 중요한지에 대해서는 각각의 신문사 나름대로 판단하고 있다. 가장 중요도가 높은 뉴스는 1면에 실리고, 우선도가 낮은 뉴스는 작은 크기로 뒤쪽에 실린다. 어느 뉴스가 어떤 자리에 어떻게 실리는가, 이것이 가장 중요한 포인트이다. 왜냐하면 뉴스의 위치와 크기가 뉴스에 대한 세상의 반응에 영향을 주기 때문이다. 종이 신문으로 정보를 확인하는 가장 큰 이유는 바로 이 게재 방법을 파악하기 위함이다.

또 하나 종이 신문을 읽는 이유가 있다. 바로 자신이 흥미를 갖고 있지 않은 주제의 뉴스 혹은 전문 분야가 아닌 뉴스도 놓치지 않고 확인할 수 있기 때문이다.

신문의 온라인판은 자신이 찾는 정보를 효율적으로 바로 찾아서 확인하는 데는 편리하지만 뉴스를 종합적이고 체계적으로 파악하는 데는 적합하지 않은 미디어라고 할 수 있다. 항상 자신의 전문 분야 외에도 플러스알파의 정보를 수집함으로써 자연스럽게 자신의 영역을 넓혀 나가는 것이 중요하다.

❸ **최소 두 개의 신문을 비교하면서 읽는다**

뉴스의 게재 방식은 당연히 신문사에 따라 다르다. 정보에 대한 중요도를 파악하는 기준과 가치가 다르기 때문에 하나의 신문만을 보아서는 세상의 움직임을 예측할 수 없다.

따라서 복수의 신문을 비교해서 보면 왜 똑같은 뉴스가 어느 신문에서는 1면에 실리고, 다른 신문에서는 작게 다뤄졌는지, 이 점을 생각해 봄으로써 뉴스의 배경을 잘 알 수 있다. 그리고 자신의 생각도 좀 더 풍성해진다.

나는 평소 두 가지 국내 신문을 구독하고 있다. 한 신문을 메인 정보원으로 삼아 아침 출근 전에 반드시 20분 정도 시간을 투자해서 읽는다. 다른 신문은 가볍게 쭉 훑어 보면서 메인 신문과의 차이점을 비교한다.

신문에 눈길을 끄는 기사가 있으면 주말에 모아서 꼼꼼히 살펴본다. 그리고 해외 영자신문 한 가지 또한 구독하고 있다. 그리고 또 다른 해외 신문의 사이트를 주기적으로 방문하여 헤드라인 기사를 체크하고 있다. 해외 주요 영자신문의 헤드라인을 보고 국내 주요 신문의 헤드라인과 어떤 차이가 있는지 확인하는 것이다. 세계 주요 언론사의 게재 방식과 국내 신문의 게재 방식의 차이를 인식하는 일도 앞으로는 더욱 중요해질 것이기 때문에 놓치지 말아야 할 부분이다.

# 13

## 참신한 아이디어보다
## 소신 있는 의견을 중시한다

회의에서 자신의 주장이나 의견을 피력하는 결론과 이를 뒷받침하는 근거를 세 가지 이상 들었는데도 유독 자신의 결론이 약하다는 생각이 들었던 적은 없었나? 결론이 약한 이유는 말하고자 하는 자신의 생각이나 의견에 힘이 없기 때문이다.

사실 자신이 말하고자 하는 메시지, 즉 콘텐츠는 논리력과 비례 관계에 있다. 자기 나름의 소신 있는 의견을 갖기 위해서는 이를 뒷받침해 주는 논리력이 필수적이다. 논리전개력을 갈고 닦으면 메시지의 내용, 즉 콘텐츠는 자연스럽게 날카로워진다.

논리전개력이란 결론을 효과적으로 전달하기 위해 이를 뒷받침하는 근거를 그럴싸하게 포장하는 테크닉이 아니다. 자칫, 논리적 사고라고 말하면 흔히 사용하는 '피라미드 스트럭처(Pyramid Structure, 개별 요소와 메시지를 종합하여 설득력 있게 전체 구성을 실현하기 위한 도구—옮긴이)'를 토대로 메시지를 체계적으로 정리하여 인과관계를 명확하게 하는 방법과 혼동할지도 모른다.

논리전개력이란 듣는 이가 메시지를 더욱 쉽게 이해하도록 돕기 위해 이야기 구성이나 내용을 효과적으로 배치하는 능력이 아니다. 근본적으로 전달하고자 하는 메시지, 결론 자체를 튼튼하게 만들어 주는 원동력이다.


## 논리 정리를 위해 '차트'를 만든다

맥킨지의 컨설턴트들은 논리가 명확하게 정리된 '차트'라고 불리는 자료를 매일 만들어야 한다. 맥킨지에서 차트를 만드는 목적은 단순히 프레젠테이션 자료를 만들기 위함이 아니다. 맥킨지의 차트 만들기는 논리를 정리하고, 확고한 결론이나 메시지를 이끌어 내기 위한 과정이다.

안건에 대한 의견을 제시할 때, 반드시 참신한 발상이나 신선한 메시지를 담고 있을 필요는 없다. 세상에서 충분히 접해 본 흔하고 평범한 의견이라 하더라도 결론을 뒷받침하는 근거가 확실하다면 귀중한 의견이 되기 때문이다.

　반대로 참신한 의견이라도 근거가 약하거나 불충분하다면 단순한 착상이나 엉터리 의견으로 치부된다. 무엇보다 논리력과 콘텐츠가 상호작용하도록 좋은 균형을 유지하는 것이 중요하다.

　논리적 사고는 이론을 중시하는 전략가나 기업을 이끄는 리더만을 위한 툴이 아니다. 가치 있는 의견을 내고 자신의 존재 의의를 나타내기 위해 끊임없이 노력하는 비즈니스맨에게도 반드시 필요한 스킬이라 할 수 있다. 논리력을 단련하는 방법에 대해서는 다음에 설명하겠다.

# 14

## 인터넷을 믿지 말고
## 자신의 머리로 직접 답을 찾는다

문제 해결책을 찾기 위해 끊임없이 고민하거나 브레인스토밍 회의에 참석해 새로운 아이디어를 내기 위해 시간을 보내다 보면 어느 순간 허기를 느끼게 된다. 반면 인터넷으로 정보를 검색하거나 문헌을 조사하는 등 정보 수집에 집중할 때는 비록 몸은 피곤하지만 허기는 느껴지지 않는다.

의학적인 근거를 통해 확인한 바는 아니지만 나는 이러한 차이가 뇌를 얼마나 사용했느냐와 연관성이 있다고 믿는다. 해결책을 찾아내거나, 신선한 아이디어를 내기 위해서는 뇌를 최대한으로 회전시켜야 한다. 이런 활동을 통해 단순히 자료를 수집하거나 반복적인 행동을

세계 최고의 인재들은 왜 기본에 집중할까

수행할 때보다 뇌가 에너지를 더 많이 소비하는 것으로 여겨진다.

'생각한다'와 '조사한다'는 매우 다르다. 어떤 과제에 직면했을 때 우선 신속하게 주위의 경험자에게 물어보거나, 정보를 검색해 보고, 선배의 지혜를 빌리는 것과 같은 '조사하는' 접근 방법이 효과적이다.

이러한 접근 방법은 시행착오를 줄여 주기 때문에 성과나 효율성과 직결된다. 그러나 선배에게 묻지 않고 기존의 방식에서 벗어나 처음부터 스스로 '생각하는' 접근 방법도 중요하다. 경험에 기대지 않고 백지 상태에서 '생각'함으로써 기존과는 전혀 다른 새로운 시스템이나 획기적인 서비스가 생기게 되는 경우도 있기 때문이다.


## 생각하는 일과 조사하는 일을 구분한다

하버드 비즈니스 스쿨의 수업은 사례연구법을 바탕으로 진행된다. 학생은 사전에 케이스 스터디 교재를 읽고 등장인물의 입장에서 과제를 정리해 해결책을 생각한 다음 수업에 임한다. 이때 학생은 주어진 15~30페이지의 케이스 스터디 교재 외에는 다른 자료를 일체 봐서는 안 된다는 규칙이 있다.

케이스 스터디는 현존하는 기업에서 실제로 일어난 경영 과제를 다루기 때문에 인터넷으로 관련 내용을 검색하면 그 후 무슨 일이 일어났는지 바로 알 수 있다. 즉 사전학습에서 정보를 수집하는 행동은 결국 답을 커닝하는 것과 같다. 학생에게는 배움의 기회가 없어지는 셈이다.

정보에 대한 접근이 수월해진 상황에서는 인터넷으로 검색하면 유사한 과제에 대한 해결책을 금방 찾을 수 있다. 반대로 이러한 환경이 '생각하는' 일과 '조사하는' 일의 경계를 희미하게 만든다. 문제가 발생해도 자신의 머리로 해결책을 찾기 위해 고민하지 않고 바로 인터넷의 힘을 빌려 답을 찾는다. 이런 과정을 통해 이미 존재하는 답을 찾는 데 익숙해지면 스스로 답을 찾는 힘을 잃게 된다. 또한 인터넷을 통해 답을 찾으면 다행이지만 유사 케이스가 없다면 그 사람은 영영 과제를 해결하지 못하게 된다.

맥킨지에서는 교육과 훈련을 통해 신입 컨설턴트에게 '생각하는' 습관을 뼛속까지 스며들게 한다. 이러한 혹독한 훈련을 거쳐 신입 2년째가 되면 세상의 현실 과제에 대해 자기 나름대로 백지 상태에서 생각하고 답을 제안할 수 있게 된다. 이는 하루 세끼의 식사처럼 습관적으로 스스로 '생각하는' 과정을 철저하게 반복해 왔기 때문이다.

## 결론을 이끌어 내는 사고법

맥킨지의 컨설턴트가 주문처럼 외우는 두 가지 말이 있다. 첫 번째는 "So what?(그래서 뭐?)", 두 번째는 "Why so?(그게 왜?)"이다. 전자는 어떤 결론에 도달했을 때 '다음에 무슨 말을 할 수 있지?' 하고 또 다른 결론을 이끌어 내게 한다. 잘 알려졌다시피 '하늘→비→우산'의 논의이다.

① "잔뜩 먹구름이 끼기 시작했어."→"So what?(그래서 어떻다고?)"
② "비가 올지도 몰라."→"So what?(그래서 어떻다고?)"
③ "우산을 갖고 나가자."

'접는 우산을 갖고 나가는' 결론에 도달했다면 한 번 더 "So what?"을 반복한다. 그러면 "접는 우산을 넣을 수 있는 큰 가방을 갖고 가자."라는 말이 따라온다. 맥킨지의 컨설턴트는 모든 과정에서 이렇게 "So what을 다섯 번 반복하라."라고 교육받는다.

반면에 어떤 과제에 직면했을 때는 "Why so?"가 도움이 된다. '왜 그렇게 되었을까?' 하고 생각하면서 문제를 표면적인 부분에서부터 심층적인 부분으로 세세하게 파고 들어간다.

'생각하는' 과정에는 많은 시간이 필요하다. 머리 회전이 빠른 사람이라 하더라도 '조사하는' 과정보다 생각하는 과정에서 훨씬 많은 시간과 노력을 필요로 하는 경우도 있다. 순간적으로 떠오르는 답은 결코 존재하지 않는다. 훌륭한 답의 이면에는 수많은 사고 과정이 숨어 있다. 그리고 그렇게 뇌가 활동하기 때문에 엄청난 열량이 소비되고 우리의 몸은 금세 허기를 느끼는 것이다. 진정한 답을 얻어내기 위해 뇌에 땀을 흘리는 일을 직접 실천해 보길 바란다.

# 15

종이와 펜을 들고
사무실을 떠나자

스마트폰, 태블릿을 활용하면서 언제 어디서나 효율적으로 작업을
진행하는 일이 가능해졌다. 한마디로 작업 공간이 한정되어 있던 과
거에 비해 오늘날 작업 효율이 비약적으로 향상된 것이다. 디지털 기
기는 적극적으로 활용되어야 하며, 이러한 IT 활용 능력은 비즈니스
맨의 성과와도 직결된다.

하지만 그렇다고 해서 기존에 활용됐던 아날로그 툴을 포기해서는
안 된다. 특히 디지털 기기의 편리함에 익숙해진 젊은 비즈니스맨들
이 펜 한 자루와 종이 한 장의 위력을 모른다는 것은 너무나 안타깝
다. 활용 방법에 따라서는 펜 한 자루와 종이 한 장이 디지털 기기로

는 해결할 수 없었던 일을 정리해 주는 경우도 있다.

맥킨지에서 근무하던 시절 나는 어떤 문제를 해결하다 벽에 막히면 주저 없이 펜과 둥글게 만 종이를 주머니에 넣고 사무실 근처에 있는 카페로 나가 시간을 보내곤 했다. 커피 한 잔을 시켜놓고 사방이 탁 트인 여유로운 장소에서 복잡해진 머리를 식히며 종이와 펜을 주머니에서 꺼내 무언가를 끼적이는 것이다.

과제 해결이 급선무일 때는 'So what?', 'Why so?'를 반복했다. 가설을 설정하기 위해 새로운 시점이나 아이디어가 필요할 때는 창밖을 내다보며 커피를 마셨다. 그렇게 생각나는 대로 펜을 끼적이다 보면 좋은 아이디어가 떠오르곤 했다. 동시에 바깥 공기를 마시며 기분 전환도 할 수 있었다. 이러한 잠깐의 휴식을 통해 활력소를 불어넣고 사무실로 돌아오면 이전과는 다른 새로운 마음가짐으로 컴퓨터 앞에서 작업에 집중할 수 있었다.

업무를 진행하다가 스스로 풀 수 없는 의문점이 생기면 선배나 상사에게 상담하러 가기 전에 노트에 질문할 사항을 먼저 리스트업하곤 했다. 이렇게 미리 포인트를 정리해 두면 논점을 명확하게 정리하여 말할 수 있기 때문에 자신에게 필요한 정확한 정보를 얻을 수 있을 뿐만 아니라 상담에 응해 주는 상대방에게도 궁금한 내용을 명확하게 전하고 불필요한 시간을 줄일 수 있다는 이점도 있다.

실제로 논리적으로 생각을 정리하고 의견을 말할 때 간단한 메모나 정리 없이 머릿속으로만 완벽하게 구성해서 전달할 수 있는 사람은 많지 않다. 실제로 최고의 인재들이 모인다는 맥킨지에서도 준비나 메모 없이 곧바로 실행하다가 실수하는 신입사원들을 종종 만나볼 수 있었다. 맥킨지의 컨설턴트는 업계에서 인정할 만큼 논리적 사고력이 뛰어나지만, 그들이라고 처음부터 곧바로 모든 일을 논리적으로 조합하고 분석할 수 있는 것은 아니다.

신입 시절부터 자료를 만들기 전에 먼저 종이에 써서 사고의 틀을 완성하고, 다시 이것을 정리하여 발표한다. 그리고 모든 정리 과정에서는 언제나 종이와 펜을 옆에 둔다. 이런 훈련 과정을 통해서 꾸준하게 논리적 사고력을 높이는 것이다.

때로는 종이를 활용하는 시간이 쓸데없다고 느껴지기도 한다. 똑같은 텍스트를 손으로 직접 종이에 쓸 때와 컴퓨터로 작성할 때, 분명 작업 속도에서 엄청난 차이가 있기 때문이다. 그러나 결과적으로 종이에 쓰는 과정을 거치다 보면 천천히 생각하며 정리할 수 있고, 새로운 아이디어가 떠오르는 경우도 있다.

종이와 펜으로 사고를 정리할 때는 다음 세 가지 포인트에 유념하자.

### ❶ 머릿속에 떠오르는 내용부터 가볍게 써 본다

정성 들여 쓰는 것이 아니라 낙서하는 기분으로 가볍게 쓰기 시작한다. 처음부터 컴퓨터를 이용해 문서로 작성하려고 하면 초고를 완성하기도 전에 완성된 문서를 만들려고 의식하는 경향이 있다. 따라서 자유롭게 생각하는 일에 방해를 받는다. 반대

세계 최고의 인재들은 왜 기본에 집중할까

로 종이와 펜을 이용하면 손쉽게 지우고 고쳐 쓸 수 있다. 누구에게 보여 주기 위한 문서나 도표를 만들려고 하지 말고 머리에 떠오른 아이디어를 우선 가볍게 써 보는 일부터 시작한다.

❷ **논리 구성, 인과관계, 우선순위, 단어 등에는 신경 쓰지 않는다**

머릿속에서 논리를 구성하는 일은 간단하지 않다. 물론 우선순위를 매기기도 쉽지 않다. 적확하고 올바른 단어나 표현을 찾아내는 데에도 많은 시간이 걸린다. 처음부터 이 모든 요소를 신경 쓰면서 아이디어를 완성하기란 매우 어렵다. 따라서 우선 쓰고 나서 정리한다는 생각으로 펜을 자유롭게 움직인다.

❸ **몇 번이고 고쳐 쓰면서 정리해 간다**

종이에 옮겨 놓은 아이디어나 생각을 다시 한 번 보고 '피라미드 스트럭처'를 실행해 보거나 한눈에 보기 쉽게 이해할 수 있는 그림이나 표를 그려 본다. 그렇게 내용을 계속해서 수정하고 정리하는 과정을 통해 보다 명확한 논리가 세워지고 적절한 표현을 찾아낼 수 있게 된다.

종이와 펜은 언제 어디서나 쉽게 가지고 다닐 수 있다는 점에서도 매우 편리하다. 일반적으로 스마트폰은 주머니에 쉽게 넣을 수 있는 크기지만 요즘에 나오는 화면이 큰 대형 스마트폰이나 태블릿 PC 등은 크기나 무게 면에서 가볍게 휴대하기가 쉽지 않다.

또 원하면 곧바로 인터넷을 접속할 수 있다는 점은 오히려 디지털 기기가 지닌 단점이다. 정보 수집에 의존하게 되면서 스스로 생각하는 시간이 줄어들게 되고, 인터넷에 접속하면 일과는 관계가 없는 정도에 금방 마음을 빼앗기거나, 쓸데없이 애플리케이션을 실행시키기 때문이다. 생각해 보면 현대인들은 하루 중 꽤 많은 시간을 스마트폰과 태블릿 PC를 사용하는 데 허비하고 있다.

비록 시간과 수고를 필요로 하는 아날로그 방식이긴 하지만 펜과 종이는 쓰기에 따라서 매우 유용한 툴이다. 반드시 그 힘을 직접 확인해 보길 바란다.

# 16

## 사고의 순발력을 단련하는
## 맥킨지 식 훈련법

맥킨지 컨설턴트들이 잘 쓰는 말버릇 중에 "포인트는 세 가지가 있습니다."가 있다. 내가 직접 맥킨지에서 일하면서 '포인트를 세 가지로 정리하는 이유'에 대해 배워 보니 이러한 말버릇이 생기는 이유를 충분히 이해하게 됐다. 맥킨지에서는 '포인트를 세 가지로 정리하는 사고 훈련'을 반복하면서 논리사고력, 시간 관리 능력, 커뮤니케이션 능력을 단련시킨다. 하버드 비즈니스 스쿨에서도 이러한 세 가지 포인트는 매우 중요하게 활용된다.

하버드 비즈니스 스쿨에서 1학년은 필수과목으로 이루어진다. 900명의 모든 학생이 10개의 '섹션'이라 불리는 홈룸클래스로 나뉘며, 이렇게 편성된 같은 섹션의 멤버들이 같은 과목을 배운다. 함께 수업을 듣는 1년 동안 이들은 토론과 논의를 통해 서로의 사고방식이나 가치관의 특징을 알아가면서 공부한다.

190센티미터 장신에 푸른 눈과 갈색 머리카락이 인상 깊었던 한 클래스메이트. 그는 옥스퍼드 대학교를 졸업하고, 영국의 맥킨지를 거쳐 하버드 비즈니스 스쿨에 입학한 영국인 학생이었다. 그가 손을 들고 교수에게서 발언 기회를 얻으면 동기들 사이에는 언제나 일종의 기대감이 흘렀다.

"저는 ○○라고 생각합니다. 포인트는 세 가지가 있습니다."

그의 말버릇을 듣는 순간 모든 클래스메이트들의 입가에는 미소가 떠올랐다. 그의 의견은 항상 세 가지 포인트로 정리되는데 논리 구성과 커뮤니케이션 스킬이 매우 뛰어나 모두의 인정을 받았다.

매번 '포인트는 세 가지'라고 표현하는 그의 말투는 동기들 사이에서는 가벼운 '놀림'의 대상이 되기도 했지만 동시에 모두가 배우려고 애쓴 학습의 대상이 되기도 했다. 실제로 그는 상위 5퍼센트 안에 드는 성적으로 하버드 비즈니스 스쿨을 졸업했다.

'포인트를 세 가지로 정리하는' 방법의 이점을 세 가지로 정리하면 다음과 같다.

❶ 논점을 분해 또는 정리한다 → 논리력

눈에 보이는 표면적인 과제에서 본질적인 과제로 파고 들어가는 효과가 있다. 표면 과제를 분해함으로써 좀 더 구체적인 과제 해결로 이어지는 것이다. 또한 분산되는 논의를 몇 가지 포인트로 정리하면서 구체적으로 집약시킬 수 있다. 어떤 경우든 세 가지 포인트는 분해 또는 정리하는 데 적당한 수다.

❷ **우선순위를 매긴다 → 시간 관리 능력**

눈앞에서 주력해야 하는 과제나 논점을 축소해 가면 한정된 시간을 효율적으로 활용할 수 있다. 우선순위가 높은 포인트를 축소하는 수는 세 가지가 적당하다.

❸ **설득력을 높인다 → 커뮤니케이션 능력**

주장하는 바를 뒷받침하는 근거나 이유는 너무 적어도, 너무 많아도 효과가 반감된다. 한두 개는 너무 적고, 다섯 개는 필요 이상으로 너무 많다. 한두 개에서 그치는 근거는 주장하는 내용의 설득력이 떨어져 보인다. 다섯 개까지 나열하다 보면 정작 중요한 설득 포인트를 잃고 만다. 결론 메시지를 뒷받침해 주는 포인트는 세 가지가 적당하다.

평소에 세 가지로 포인트를 정리하는 습관을 들임으로써 논리력, 시간 관리 능력, 커뮤니케이션 능력을 높이도록 하자.

# 17

## 지각과 결근이 없도록
## 스스로를 관리한다

한 나라를 대표하는 대통령이 지독한 감기에 걸려 타국 대통령과의 회담을 취소한다.

상장기업의 CEO가 건강상의 이유로 실적 설명회에 불참한다.

아침 뉴스의 메인 앵커가 늦잠으로 방송에 지각한다.

오랫동안 이어 온 주간 예능 프로그램 사회자가 열이 나서 결석한다.

위와 같은 사례는 좀처럼 쉽게 볼 수 있는 일이 아니다. 만약 이렇게 지각이나 결석이 반복된다면 그 사람의 자리는 아마 누구나 예상하듯이 보장받지 못할 것이다.

세계 최고의 인재들은 왜 기본에 집중할까

일과 관련해서 무리한 일정을 소화하고, 강도 높은 일을 계속 반복하다 보면 어쩔 수 없이 컨디션이 떨어지거나 감기에 걸리는 일이 발생할 수도 있다. 책임 있는 일을 하는 사람은 그만큼 하루하루 건강관리를 확실하게 해야 한다는 의미이기도 하다.

하버드 비즈니스 스쿨에서는 무지각·무결석이 기본 원칙이다. 실제로 내가 그곳에서 공부하는 2년 동안 지각이나 결석을 목격한 경우는 다섯 손가락으로 꼽을 수 있을 정도이다. 결석이 인정되는 경우는 가까운 친지나 가족에게 불행한 일이 일어나는 사건처럼 예외적인 일이 있을 때뿐이다. 실제로 결석자가 있는 수업은 1년을 통틀어 제로에 가깝다. 바로 이 점이 일본의 대학과 크게 다른 부분이다.

하버드 비즈니스 스쿨 학생들 중에는 자신의 의지로 금융기관에서 많은 돈을 대출받아 입학한 경우가 많다. 따라서 그들 내면에 자리 잡은 진지함의 정도부터 다르다. 게다가 지각과 결석으로 인해 한번 수업 진도에서 뒤처지면 추가로 감당해야 할 부담을 누구보다 잘 알고 있다.

비즈니스 세계에서는 무지각·무결석이 더더욱 당연한 기본 원칙이다. 물론 사람의 몸 상태는 매일 변한다. 몸이 나른한 날이 있는가 하면 열이 나는 날도 있다. 감기 기운이 있거나, 수면 부족으로 정신이 개운하지 못한 날도 있다. 매일 최상의 컨디션을 유지하라는 현실 불가능한 주문을 하는 것이 아니라, 매일매일 몸 상태가 변한다는 점을 인정하고 이를 대전제로 해서 부정적인 영향을 최소한으로 억제하려고 기울이는 노력의 중요성을 강조하는 것이다.

비즈니스맨으로서 평소 조심해야 하는 기본적인 건강관리의 핵심 포인트는 다음과 같다.


1. 충분한 수면을 취한다.

2. 아침 식사를 거르지 않는다.

3. 손 씻기·양치질을 게을리하지 않는다.

4. 예방 접종을 받는다.

5. 정기 건강검진을 받는다.

6. 마스크 착용 등으로 주위 사람을 배려한다.


충분한 수면은 건강관리의 기본이자, 최상의 컨디션으로 업무의 효율성을 높이는 기본 수칙이다. 잠자는 시간을 줄여 가며 일이나 공부를 하는 사람을 종종 본다. 그러나 그러한 방법은 단기적으로 반짝 효과를 보일지 몰라도, 중장기로 지속할 수는 없는 방법이다. 절대적으로 많은 시간을 투자하여 열심히 한다고 느껴지지만 오히려 수면 부족으로 효율성은 떨어지고, 자신이 갖춘 능력조차 전부 발휘하지 못하는 최악의 상태를 맞이하게 된다.

연구를 통해 증명된 이상적인 수면 시간은 일곱 시간 정도인데 나는 평일엔 최소 여섯 시간의 수면을 취하려고 노력하는 편이다.

식사, 손 씻기, 예방 접종, 건강검진 등은 자기 자신을 위해서이다.

마스크 착용은 자신의 건강을 관리한다는 의미도 있지만 타인에게 바이러스를 옮기지 않으려는 배려의 표현이기도 하다. 기침하면서까지 무리하게 회의에 참석하는 행동은 오히려 원활한 회의 진행을 방해해 타인의 업무에도 악영향을 끼칠 뿐이다. 주위 사람들에 대한 배려는 반드시 잊지 말아야 할 항목이다.

# 18

## 운동으로
## 마음의 노화를 방지한다

실내 러닝 트랙, 두 개의 풀사이즈 농구 코트, 러닝머신, 스튜디오, 웨이트트레이닝 룸 등. 하버드 비즈니스 스쿨의 캠퍼스에는 최신 장비를 갖춘 3층 규모의 피트니스 센터가 완비되어 있다.

평소는 물론 시험 기간에도 피트니스 센터 안은 학생과 연구원, 교수진으로 북적북적하다. 그중에는 러닝머신에서 땀을 흘리면서 두꺼운 교과서나 과제 도서, 케이스 스터디 교재를 읽는 학생도 있다.

웨이트트레이닝 룸에서 꽤 무거운 덤벨을 들면서 운동하다가 잠깐의 휴식 시간을 이용해 책을 펼치는 학생을 보면 참 유난스럽다는 생각이 들기도 했다.

세계 최고의 인재들은 왜 기본에 집중할까

이렇듯 하버드 비즈니스 스쿨의 학생이나 연구원처럼 소위 미국의 엘리트층이라 불리는 사람들은 건강에 대한 의식이 높다. 그 배경에는 미국인의 식생활이 비만을 야기하고, 그에 대한 반작용으로 지식층들의 건강 지향이 높아졌기 때문이라는 분석이 있다.

실제로 하버드의 학생, 연구원들은 피트니스 센터에서 땀 흘리며 운동하는 시간을 매우 좋아한다. 피트니스 센터에서 땀을 흘리는 사람은 젊은 층에 한정되어 있지 않다. 40대~50대는 물론 60대의 베테랑 연구원조차 정기적으로 운동을 한다.

일본이나 한국 등 아시아권에서는 아직까지 비만이 미국처럼 커다란 사회문제가 되지는 않았다. 비만 퇴치를 위해 드는 사회적 비용과 의료비용만 따져 봐도 쉽게 알 수 있다. 그런데 비만을 이겨내기 위해 반드시 운동을 해야 한다는 의식이 없다 보니 미국에서처럼 주기적으로 피트니스 센터를 이용하는 사람들도 적다.

사실 건전한 영양소를 섭취하는 식생활을 하고 적정한 체중을 유지한다면 기를 쓰고 피트니스 센터에 다닐 필요는 없다고 생각한다. 그럼에도 내가 꽤 오랫동안 피트니스 센터에 다니는 이유는 간단하다. 원래 운동을 좋아하기도 하지만 꾸준한 지속하는 운동의 장점을 몸소 체험하기 때문이다.

여러 장점 중 가장 먼저 체력 유지를 들 수 있다. 기초 체력을 유지함으로써 30대 후반의 나이에도 30대 초반과 똑같은 체력을 유지할 수 있다. 한마디로 신체적인 젊음을 유지할 수 있다는 뜻이다. 젊음이 타고 하면 너무 과장된 말이겠지만, 일하는 데 있어서 무엇보다 중요한 점은 신체적인 젊음뿐만 아니라 정신적인 젊음이다.

나이를 한 살 한 살 먹어 갈수록 자신도 모르는 사이에 정신적인 면에서 보수적으로 변해 간다. 혈기 왕성하던 20대 시절에 40대를 훌쩍 넘긴 상사를 보며 지나치게 보수적이라고 동료들과 울분을 토했던 바로 그 대상이 이제 내가 되어 가는 것이다.

20대에서 30대, 30대에서 40대로 넘어갈수록 점차 커리어를 지키기 위해 자신도 모르는 사이에 방어적으로 변해 가는 경향도 크게 작용한다. 몸을 건강하고 젊게 유지하면서 정신 또한 나이 들지 않도록 노력한다면 언제나 리스크에 적극적으로 대응할 수 있고, 새로운 도전을 위한 의욕이 넘쳐 날 것이다.

게다가 주기적으로 몸을 움직이면 머리에 쌓인 피로가 해소되고, 스트레스도 발산된다. 적당한 운동은 어깨 결림을 해소하는 데에도 도움이 된다. 또 매주 빠짐없이 피트니스 센터에 다니면서 생활 리듬을 유지할 수 있는 장점도 있다. 피트니스 센터에 계속 다니기 위해서는 세 가지 요령이 있다.

**❶ 운동 계획을 주변에 알린다**

'시간이 있으면 운동하자.' 이런 마음으로는 꾸준히 운동을 지속하기가 매우 어렵다. 운동을 매우 좋아하는 사람, 시간이 아주 많은 사람, 체중 감량을 위해 다이어트에 필사적인 사람이 아니고는 피트니스 센터에 다니는 습관을 만들기란 절대 간단하지 않다.

나 역시 운동을 꾸준히 지속하기가 쉽지 않았다. 그래서 시간을 내기 비교적 쉬운 주말 오전에 피트니스 센터에 가겠다는 계획을 세웠다. 그리고 그 결심을 가족들에게도 공표해 놓았다. 가족들이 내 운동 스케줄을 알고 있다 보니 가끔 내가 피트니스 센터에 가지 않는 날이 있으면 딸이 이번 주에는 운동하지 않아도 되느냐고 묻는다. 그러면 조금 피곤하거나 쉬고 싶은 날에도 나태해진 마음을 다시 추스르고 피트니스 센터로 향하게 된다.

실로 운동을 하고 나면 무거워진 몸이 더 가벼워지거나 컨디션이 좋아지기 때문에 운동하러 나오길 잘했다고 생각하는 경우가 더 많다. 이렇게 주위 사람들에게 자신의 운동 계획을 공표해 놓으면 은근한 압박이 되어 오히려 지키기가 더욱 수월해진다.

❷ **몸이 무져졌다고 느끼기 전에 먼저 운동한다**

나이 들어서 운동을 하면 반드시 근육통에 시달리게 된다. 학창 시절처럼 격렬한 운동을 하지도 않았는데 몸 여기저기에 피로와 통증이 남는다. 이러한 적당한 피로감은 운동을 계속하게 만드는 원동력이기도 하다. 운동 후 2~3일 지나면 근육통은 진정된다. 운동 후의 적당한 피로나 통증이 몸에서 완전히 사라지면 다시 해이해져 버린다.

나는 보통 일주일에 한 번 주말 시간을 활용해 운동하는데, 가끔 몸이 무뎌졌다고 느껴질 때에는 평일에 시간을 내서 한 번 더 피트니스 센터로 향한다. 몸이 운동을 통한 긴장감과 피로감을 잊고 다시 무뎌졌다는 신호가 올 때쯤이면 알아서 운동을 하는 것이다.

## ❸ 절대 무리하지 않는다

정기적으로 피트니스 센터를 다니면서 운동할 때 주의해야 할 점이 있다. 바로 필요 이상으로 몸을 혹사시키거나 무리하지 않는 것이다. 실제로 오랜만에 피트니스 센터를 찾았다고 의욕에 넘쳐 무리하게 운동을 하면 반드시 몸에 이상이 온다.

적당한 운동 후에 찾아오는 기분 좋은 피로감이 아니라면 다음에 다시 운동하고 싶은 마음이 사라진다. 또한 처음부터 너무 무리하게 운동해서 몸이 급격하게 피곤해지면 그날 하루 운동도 제대로 마치지 못하고 집으로 돌아간다. 운동 시간을 마련했지만 정작 제대로 운동도 못 하고 시간만 허비한 결과가 되는 것이다.

우선 정기적으로 피트니스 센터에 가서 그날의 몸 상태나 기분에 따라 가볍게 땀을 흘린다. 컨디션이 좋으면 러닝머신에서 뛰는 시간을 조금 늘린다거나, 몸이 안 좋았을 때 시도하지 못했던 동작을 하면서 평소보다 조금 오래 운동한다.

운동하는 시간을 주기적으로 확보하고, 운동 사이클을 몸에 배게 하고, 무리하지 않는다. 이 정도의 감각으로 꾸준히 하는 것이 요령이다.

# 19

왜 맥킨지와 골드만삭스는
하얀 셔츠에 검은 슈트를 고집할까?

    2005년 보스턴 레드삭스에서 뉴욕 양키스로 이적하며 엄청난 화제를 불러일으켰던 당시 메이저리그의 대표 타자 자니 데이먼 선수. 영원한 라이벌이었던 레드삭스와 양키스 간의 이적이라 떠들썩하기도 했지만 무엇보다 화제가 된 점은 그가 양키스 팀에 합류하는 조건으로 긴 머리카락과 수염을 잘랐다는 사실이었다. 레드삭스에서 활동했던 당시 데이먼 선수의 별명은 원시인이었을 만큼 덥수룩한 수염과 긴 머리는 그의 상징이었다.

    레드삭스와 양키스는 아메리칸 리그 동부 지구에서는 오랜 라이벌이기도 하다. 과거 미국에서 가장 인기가 많았던 프로야구 선수로 메이저리그를 대표하는 홈런 타자였던 베이브 루스 선수가 양 팀 사이에서 이적한 적도 있었다. 그토록 경쟁의식이 강한 레드삭스의 상징적인 타자였던 데이먼 선수가 양키스로 이적하자마자 자신의 트레이드마크인 수염을 깔끔히 자르고 새로운 명문 팀의 일원으로서 자신만의 준비를 마친 데에는 어떤 의미가 담겨 있을까?

레드삭스의 오랜 라이벌인 양키스는 1901년 창단 이래 2008년까지 월드시리즈에서 27회, 아메리칸리그에서 40회나 우승을 차지했을 만큼 메이저리그 최고의 역사와 실력을 자랑하는 팀으로 야구선수라면 누구나 동경하는 구단이다. 그런데 양키스는 선수의 복장에도 까다롭게 개입하는 구단으로 유명하다. 실력을 겸비한 까닭도 있겠지만, 깔끔한 스트라이프 유니폼을 입은 양키스 선수들은 모두에게 구단을 상징하는 특별한 존재로 인식되기 때문이다.

단순히 말하면 양키스라는 명문 구단의 일류 플레이어를 목표로 결단을 내린 데이먼 선수에게 트레이드마크인 수염은 우선순위가 낮았음을 의미하는 건 아닐까?

## 개성 없는 복장으로 유명한 골드만삭스와 맥킨지

골드만 삭스와 맥킨지의 해외 사무실을 찾아가 보면 사원들의 복장은 놀라울 정도로 몰개성적이다. 모두가 하얗거나 옅은 블루 셔츠에 다크 슈트 일색이다. 가방은 중요한 자료를 갖고 다니는 경우가 많은 업무 특성상 큼지막한 가죽 재질의 서류 가방이거나 출장이 잦은 프로페셔널에게 인기가 있는 튼튼한 나일론 재질 가방이 대부분이다. 마치 제복으로 착각할 정도로 모두가 비슷한 복장을 하고 있다.

이들이 복장을 선택할 때 중요시하는 점은 무엇일까? 옆에서 지켜본 바로는 '청결함'이라는 단어 외에는 없지 않을까 싶다. 컨설턴트나 인베스트먼트 뱅커라는 직업의 특성상, 클라이언트로 만나게 되는 상대는 대부분 연령대가 높은 경영진이다. 때에 따라서는 자기보다 서른 살이나 많은 CEO에게도 조언하는 일도 있다. 이런 클라이언트가 요구하는 점은 겉으로 드러나는 개성이 아니다. 컨설턴트가 조언하는 내용에서 드러나는 정보의 개성이다. 무엇을 말하느냐가 중요하지, 무엇을 입고 있느냐와 옷차림 센스가 어떠냐 등은 당연히 중요하지 않다.

연령대가 높은 경영진이나 높은 직위의 클라이언트를 상대한다고 해서 반드시 고급 슈트나 셔츠를 입을 필요는 없다. 업무상 옷 입기에서 무엇보다 중요한 점은 역시 청결함과 깔끔함이다. 업계에는 수수하면서 맵시가 좋고 보기만 해도 윤기가 흐르는 고급 슈트를 입는 사람이 있는가 하면, 착용감을 중시하여 맞춤 정장을 입는 사람, 적당한 가격의 슈트를 선호하는 사람도 있다.

예전에 함께 일했던 골드만 삭스의 미국인 시니어 파트너는 모든 물건을 오랫동안 소중하게 쓰기로 유명한 사람이었다. 옷도 마찬가지

세계 최고의 인재들은 왜 기본에 집중할까

였는데, 유행에 따르는 차림이 아닌 10여 년 이상 입어 온 클래식함이 엿보이는 옷차림이었다. 그러나 결코 옷깃이 해져 너덜너덜하거나 초라해 보이지는 않았다. 오히려 물건을 소중히 여기는 모습을 엿볼 수 있었다. 그가 찬 시계도 수수하고 기능성을 중시한 제품이었다. 복장이나 소지품에 대한 생각은 모두가 제각각 다르지만 청결함이라는 공통점은 언제나 가장 중요한 요소로 꼽힌다.

# 20

## 구두가 당신에 대해
## 말해 준다

택시 문이 자동으로 열리자 깜짝 놀라는 표정을 지은 후 택시에 오르는 외국인. 자동으로 문이 열리는 택시는 전 세계를 뒤져 보아도 일본에만 있을 것이다.

일본을 몇 차례나 방문한 터라 도쿄의 교통 사정에 대해서는 누구보다도 밝은 그였지만 예상치 못한 상황에 당황한 듯 보였다. 클라이언트와 약속한 미팅에 늦을 것 같아 부랴부랴 사무실을 나와 택시를 잡았을 때 그는 자연스럽게 뉴욕 택시를 상상했을지도 모른다.

그렇게 뉴욕에서 날아온 동료와 함께 택시에 오른 나는 도쿄 도심지에 있는 클라이언트의 사무실로 찾아갔다. 다행히 미팅 장소에 약속 시각 5분 전에 무사히 도착해서 늦지 않게 회의를 준비할 수 있었다.

해외에서 방문자가 올 때마다 매번 스케줄이 쉴 새 없이 **빡빡하게** 잡힌다. 특정 업계에 밝은 해외 뱅커가 일본에 오게 되면 아침부터 저녁까지 미팅이 잔뜩 잡힌다.

급한 일정을 소화하기 위해 올라탄 택시 안에서 미팅용 자료를 다시 한 번 훑어 보면서 사전 협의 내용에 대해 논의하고 있을 때 내 눈에 자연스럽게 방문자의 구두가 들어왔다. 짙은 갈색의 가죽구두는 정성스럽게 닦여서 빛이 났다. 뉴욕에서 열 시간을 넘게 날아와 도쿄에 도착하고 이곳에서의 출장이 사흘째에 접어들었으니 세심하게 신경 쓰지 못했다면 더러워도 당연했을 법한 구두였다. 단기 출장이니까 구두를 몇 켤레나 가지고 오지는 않았을 텐데 아마도 짬을 내서 묵고 있는 호텔에 구두 손질을 부탁했던 모양이다.


## 단정한 옷차림은 발끝에서부터

이 얘기를 읽고 당신은 무엇을 느꼈는가. 위의 사례는 골드만 삭스에서 일하던 시절 내가 실제로 경험한 일이다.

남성복에 한정된 얘기이지만 최근에는 적정한 가격으로 퀄리티 높은 슈트나 비즈니스 셔츠를 쉽게 구입할 수 있다. 높은 퀄리티의 제품을 구입하기 위해 특정 국가에서 만든 제품을 찾아 구입했던 과거와 다르게 이제는 자국 내에서 만든 제품에서도 품질의 차이가 확연하게 줄어들었다.

비즈니스맨이 일상적으로 입는 비교적 저렴한 슈트나 셔츠의 디자인이나 퀄리티에서는 크게 차이가 나지 않기 때문에 그 결과 상반신만 놓고 본다면 옷차림에 큰 차이가 나지는 않는다.

비즈니스맨의 옷차림에서 차이가 나는 부분은 바로 발끝이다. 발끝이란 이 방문자의 사례에서도 알 수 있듯이 신발을 포함한 하반신 전체라고 해도 될 것이다. 다시 말해서 신발과 바지이다. 특히 주의해야 할 부분은 다음 두 가지다.

### ❶ 양복바지가 잘 다림질되어 있는가

비즈니스용 양복바지를 매일 갈아입을 만큼 준비하기란 비용적인 측면에서도 쉽지 않다. 따라서 신경 써서 바지를 관리해야 하는데 독신 남성에게는 매일 밤 혹은 매일 아침 다림질을 하는 일 역시 고역이다. 그래서 편리한 도구가 바로 바지 프레스기! 외국으로 비즈니스 출장을 가면 객실마다 비즈니스맨들을 위해 준비된 바지 프레스기를 이용했던 기억이 있을 것이다. 밤에 세팅해 두면 30분 후엔 바지에 세운 금이 선명해진다. 요즘에는 일반 가정용으로도 쉽게 구입할 수 있는데 나 역시 독신 시절엔 많은 도움을 받았다. 비용이 들긴 하지만 하나의 주름으로 잘 다림질된 바지를 입기 위해서는 세탁소의 힘을 빌리고 이후에는 매일 밤 바지 프레스기에 넣어 두면 일주일 내내 깔끔한 옷차림을 유지할 수 있다.

**❷ 구두 뒷굽이 닳지 않았는가**

구두 뒷굽은 정기적으로 수리해 주어야 한다. 뒷굽이 닳아서 낮아지면 신발에 변형이 일어난다. 걸음걸이도 변하고 허리 건강에도 좋지 않다. 때때로 지하철역 계단에서 앞서 걷고 있는 비즈니스맨의 구두 뒷굽이 닳은 모습을 보면 옷차림이 단정하지 못하다는 인상을 받곤 한다.

그런데 구두 뒷굽을 매일 점검하기란 쉽지 않기 때문에 바쁜 일정을 보내다 보면 소홀해지기가 쉽다. 따라서 나는 2주일에 한 번 주말에 비즈니스 슈즈를 모아 손질한다. 세탁이나 다림질이 필요한 옷은 세탁소에 맡기고, 구두는 깨끗이 닦고 구두 뒷굽은 정기적으로 수리를 맡긴다.

구두는 생활용품을 판매하는 곳에서 쉽게 구입할 수 있는 슈즈 키퍼를 이용해 보관하면 모양이 변형되지 않고 구두의 수명 또한 2배 이상으로 늘어난다. 여담이지만 내가 애용하는 비즈니스 슈즈는 모두 10년 이상 넘은 오래된 물건들이다. 슈즈 키퍼에 넣고 보관하며 정기적으로 손질하기를 거르지 않았고 구두 뒷굽, 창 전체, 안쪽의 갈라진 부분 등을 정기적으로 수리해 왔다. 그렇게 사용하다 보니 어느 것 하나 10년이 넘지 않은 물건이 없다. 특히 골드만 삭스에 입사하면서 구입했던 비즈니스 슈즈는 내가 가장 아끼는 물건으로 15년 이상 오래도록 내 곁에서 튼튼한 발이 되어 주고 있다.

세계 최고의 인재들은 왜 기본에 집중할까

☐

여유를 가지기 위해 평소 '애프터 유'를 중요하게 생각한다.

☐

책을 읽는 시간의 3배를 투자해 생각하는 시간을 갖고 각 장마다 차분히 생각한다.

☐

참신한 아이디어를 내기 위해서는 아이디어를 받쳐 주는 논리력이 반드시 뒤따라야 한다.

☐

'생각한다'와 '조사한다'를 구분해서 시간을 사용한다.

☐

"So what?(그래서 뭐?)" "Why so?(그게 왜?)" 질문을 반복하면서 생각한다.

☐

끊임없이 새로움에 도전하는 젊은 정신을 유지하기 위해 운동을 거르지 않는다.

**The 48 Principles of Success
by The World's Leading Entrepreneurs**

Goldman Sachs

Harvard Business School

3

C H A P T E R

Goldman Sachs

McKinsey & Company

# 시간을 지배하는
# 사람들의 업무술

# 21

## 무슨 일이 있어도
## 약속 시간 10분 전에 도착한다

'약속 시간을 지킨다'는 것이 만국 공통의 보편적인 룰이라는 점에는 논의의 여지가 없다. 이는 또한 모든 일의 기본이기도 하다. 그리고 기본적인 규칙인 만큼 더욱 철저하게 지켜야만 한다.

비즈니스 세계는 물론 인간관계에서도 지각하지 않고 약속 시간을 지키는 사람은 늘 신뢰를 받는다. 시간을 지키는 행동은 상대와 쌓아가는 가장 기본적인 신뢰이고, 약속을 반드시 지키는 사람에 대한 안도감이며 더 나아가서는 누군가의 규제가 아닌 자기 내면에서 세운 규율을 지키는 사람에 대한 존경으로도 연결된다.

골드만 삭스 시절에 겪었던 일화 한 가지를 소개하겠다. 당시 클라이언트였던 유명 기업 임원과의 회의에 완벽을 기하기 위해 나는 함께 프로젝트를 진행하는 선배와 마지막 순간까지 자료를 준비하고 있었다. 그리고 회의가 시작되기 직전에 프로젝트를 책임지는 상사와 함께 택시를 타고 회의 장소로 부랴부랴 달려갔다.

다행히 약속 시간에 맞춰 장소에 도착할 수 있었지만, 이동하는 차 안에서 상사에게 호되게 한소리를 들어야 했다. 약속 장소에는 10분 전에 도착하는 자세가 기본 중의 기본이라고 말이다. 사실 당시에는 마지막까지 최선을 다해 자료를 준비했는데도 오히려 질책을 받는 상황이 매우 불만스럽게 여겨지기도 했다.

신입 시절에 그 상사에게 배운 귀중한 한마디가 있다.

"골드만 삭스에서의 상식은 세상의 비상식이라고 생각하게."

M&A 세계에서 모르는 사람이 없을 정도로 엄청난 실력을 자랑하며 최고의 M&A 뱅커로 활약하던 그분의 말이다. 그 상사는 대학을 이제 막 졸업하고 외국계 금융기관에 입사한 나 같은 신입사원에게 이 말을 자주 들려주었다.

경력자를 주로 뽑던 골드만 삭스에서는 대학을 졸업하고 곧바로 입사하는 신입사원들이 적었기 때문에 이들을 위한 교육 시스템을 비교한다면 일본의 일류 기업에 비해 열악한 부분이 매우 많았다. 그러다 보니 나 같은 신입을 볼 때마다 그런 조언을 해주었던 것이다.

입사하자마자 실제 프로젝트에 투입되는 신입사원이 빠지기 쉬운 착각 중 한 가지는 눈앞의 바쁜 일에 얽매여서 5분 지각을 어쩔 수 없는 일이라고 쉽게 생각한다는 점이다. 그리고 이직해 온 우수한 뱅커들과 일하다 보니 아직 아무것도 할 수 없는 자신도 우수하다고 착각하는 경우가 많다. 또한 클라이언트 기업의 중역들과 동석하여 대규모 프로젝트에 관여하다 보면 자신 역시 엘리트 대열에 합류했다고 오만해지기도 한다.

나 역시 크게 다르지 않았다. 그렇게 착각 속에 빠져 기본을 잃어가던 그때 상사가 해준 한마디에서 배운 점은 바로 기본의 소중함이다. 그리고 자신을 객관적으로 보는 냉철한 시선과 주변에 휩쓸리지 않고 자기 규율을 유지하는 굳건함을 갖고 이러한 자신만의 규칙을 스스로 실천하면서 앞으로 들어올 후배들에게도 전해 주라는 것이다. 그중에서도 가장 기본이 되는 한 가지가 바로 '약속 시간을 지키는 것'이었다.

## 22

## 하버드 졸업생이 가르쳐 주는
## 주말 활용법

하버드 비즈니스 스쿨에서 가장 인기 있는 강의 가운데 하나인 'Management in Perspective', 줄여서 MIP이라 불리는 이 강의는 필수 코스인 1학년을 무사히 완료하고 2학년으로 진급한 학생들 중 대다수가 선호하는 과목이다. 이 코스는 단순히 인기 강의라는 점을 제외하고도 독특한 특징이 있다. 강의 운영 방식과 내용 자체가 하버드 비즈니스 스쿨에서는 흔히 볼 수 없는, 아니 거의 유일한 수업이라고 해도 과언이 아니다.

특징은 수업 규모, 강사, 테마, 운영 방법 등 총 네 가지다.

첫 번째 특징인 수업 규모는 이 강의를 듣고자 하는 수강 희망자가 워낙 많아 작은 규모의 강의실에서는 진행할 수 없고 늘 대강당에서만 진행된다는 것이다.

두 번째 특징은 강사. 강사진이라는 표현이 더 정확할 것이다. 하버드 비즈니스 스쿨 졸업생 중 전 세계의 일선에서 활약하는 기업가, 경영자, 투자가, 정치가, NGO 활동가가 매주 돌아가며 강단에 선다.

세 번째 특징은 매우 새로운 강사진들이 논의하는 테마이다. 주된 테마는 바로 인생설계이다. 각자의 분야에서 실력을 인정받으며 최고로 자리 잡은 사람들이 자신의 인생을 돌아보며 커리어와 사생활을 포함한 인생에서 진짜 중요한 것이 무엇인지, 과거로 돌아갈 수 있다면 무엇에 더욱 충실하고 싶은지 등을 젊은이들에게 조언해 준다.

마지막 네 번째 특징은 운영 방법이다. 하버드 비즈니스 스쿨은 케이스 스터디 교재를 사전에 예습하고, 학생끼리 열띤 토론을 벌이는 사례연구법으로 유명하다. MIP 외에는 모든 수업이 케이스 스터디 교재를 기반으로 진행된다. 그러나 MIP 코스에서는 강사진에게 질문을 던지고 그에 대한 대답을 SNS와 같은 플랫폼상에서 주고받는다.

케이스 스터디를 할 때와 같은 중압감은 없지만 앞으로 일과 인생을 어떻게 조화롭게 이끌어 갈 것인지를 고민하는 학생들에게 생각해 볼 수 있는 기회를 제공하고, 또 먼저 이를 고민하고 수많은 시행착오를 거친 선배들의 이야기를 통해 많은 깨달음을 주는 수업이다. 이런 MIP 강의를 하버드 비즈니스 스쿨에서 가장 배우는 점이 많은 수업이라고 평가하는 학생도 많다.

## 일과 삶의 조화를 후회하는 인재들

MIP에서 가장 자주 언급되는 테마는 일과 삶의 조화, 즉 워크 앤드 라이프 밸런스(Work & Life Balance)이다. 하버드 비즈니스 스쿨에 입학하는 대다수의 사람들은 이미 누구에게나 인정받는 실력자이자 일 중독자이다. 그런 사람들이 더 높은 목표를 위해 하버드 비즈니스 스쿨에 입학해 엄격한 2년 과정을 무사히 마친다. 특히 졸업 후의 진로가 정해진 예비 졸업생들은 다시 사회로 나가 누구보다도 빨리 좋은 성과를 내고 싶어 한다. 동기 중에서 누가 창업한 벤처를 가장 먼저 상장시킬지, 업계에서 누가 가장 먼저 실력을 인정받고 기업의 중역 자리에 오를지, 졸업 5년 후에 있을 동창회까지 누가 가장 먼저 눈에 띄는 성과를 거둘지 동기들 사이에서는 투지가 불타오른다. 태생적으로 워커홀릭 경향이 강한 하버드 비즈니스 스쿨 학생들이 《포춘》이 선정한 100대 기업의 CEO이나 저명한 벤처캐피털리스트들의 인생담에 흥미를 갖지 않을 수가 없다.

그런데 놀랍게도 이 쟁쟁한 강사진이 이구동성으로 말하는 점은 일과 삶의 조화가 중요하다는 것이다.

비즈니스 세계에서 큰 성공을 거두었다는 평가를 받는 그들 중에는 일 때문에 소홀할 수밖에 없었던 사생활을 후회하는 사람도 적지 않았다. 그 결과 그들은 커리어만을 좇는 젊은이들에게 인생설계를 먼저 하고 나서 커리어를 쌓으라고 권유했다.

하지만 각자의 연령대에 따라 그들의 조언을 받아들이고 이를 기반으로 인생을 설계하는 방식은 달라질 것이다. 그렇다면 과연 20대 비즈니스맨에게 자신의 연령대에 맞는 일과 삶의 조화란 무엇이며 어떻게 인생설계를 해야 할까? 또 기초 업무를 모두 배우고 일에서 더 높은 성과를 낼 수 있는 30대 비즈니스맨은 어떻게 해야 할까?

이 테마는 각각에 맞는 밸런스를 묻고 있다는 점에서 매우 어려울 수밖에 없다. 절대적인 판단 기준이 존재하지 않기 때문이다. 연령대에 따라서, 혹은 무엇에 더 가치를 두느냐에 따라서 답이 달라질 것이다. 각자가 생각하는 기준에 맞춰 자신만의 조화를 찾아가는 일이 무엇보다 중요하다.

나는 일과 삶의 조화에 대해 다음과 같이 생각한다.


**❶ 20대는 눈앞의 일에 에너지를 쏟는다**

이제 막 사회생활을 시작해서 일을 배워 가는 20대 때 일과 삶의 조화를 생각하는 것은 좀 이르다고 생각한다. 이때는 가능한 한 많은 시간과 노력을 일에 배분해야 한다.

중요한 점은 두 가지이다. 첫째, 확실히 휴식을 취한다. 둘째, 단기적인 일과 장기적인 일이라는 두 가지 시점을 가진다. 단기적인 일이란 지금 바로 눈앞에 있는 일에서 어떻게 성과를 낼지에 관한 것이다. 그리고 장기적인 일이란 3년 후, 5년 후, 10년 후 자신의 커리어를 어떻게 이끌어 나가고 향상시킬 것인지를 고민하는 일종의 자기투자를 말한다.

자기투자란 일과 관련된 자격증을 따기 위해 시험공부를 하거나, MBA 취득이나 승진을 위해 어학 공부를 하거나, 업무 지식을 쌓기 위해 관련 책을 읽거나, 시야를 넓히기 위해 전혀 다른 분야의 책을 읽거나, 체험을 해보는 것이다. 평일에는 야근이나 회식, 모임 등으로 시간을 확보하기가 어렵기 때문에 주말 하루를 통째로 자기투자를 위한 시간으로 활용해야 한다.

❷ **30대는 주말의 한나절을 자기투자에 활용한다**

일에서 일정한 경험과 실적을 쌓기 시작하는 30대는 인생에서 가장 중대한 결혼을 통해 가족이 생기고, 때에 따라서는 구성원이 더 늘어나는 시기이다. 가족이 늘어나면 미혼일 때보다 주말에 자기투자의 시간을 확보하기가 어려워진다. 그래도 자기투자를 위해 시간을 만들고 꾸준히 노력해야 한다. 자신을 위해, 그리고 더 나아가 가족을 위해서라도 주말 중 한나절은 자기투자에 할당해야 한다. 물론 그 시간을 오롯이 자신만의 시간으로 확보하기 위해서는 그 외의 시간에 가족과 함께 어울리고, 때로는 아내만을 위한 시간을 위해 자신이 아이들을 담당하는 등 나름의 노력이 필요하다. 일만을 생각할 수 없는 연령대이기 때문에 일과 가정 모두 소홀히 하지 않기 위한 시간 배분을 익혀 나가야 한다.

세계 최고의 인재들은 왜 기본에 집중할까

주말 하루를 자기투자에 활용하는 사람은 1년이면 50일, 하루에 여덟 시간씩 공부한다고 계산하면 총 400시간 이상을 자신만을 위해 사용할 수 있다. 20대 후반부터 5년 동안 꾸준히 자기투자에 힘쓴 사람은 단언컨대 서른 살 이후부터 확연한 차이를 보이게 될 것이다.

실제로 나 역시 20대에 업무 강도가 매우 센 투자은행에서 일하면서도 상당한 시간을 자기투자에 할당했다. 맡은 업무를 통해 착실하게 커리어를 쌓는 동시에 새로운 공부에 도전하기도 했다. MBA 학위를 위해 하버드 비즈니스 스쿨로 사비 유학을 간 것도 그중 하나다.

MBA 유학을 위한 어학 학습 시간도 꽤 된다. 하지만 30대 후반으로 접어든 지금도 나는 자기투자에 소홀하지 않다. 여전히 주말 한나절을 어학 공부나 독서로 보내고 있다.

## 23

## 골드만 삭스에서 상사가
## 업무 시작 한 시간 전에 하는 일

아침부터 저녁까지 미팅을 기다리는 사람들의 행렬이 끊임없이 이어진다. 도쿄 사무실뿐만 아니라 해외 사무실의 방문자도 포함해 단 5분의 보고와 결재를 위해 사무실 앞은 늘 사람들로 북적인다.

업무를 마친 저녁에는 회식에 참석하고, 해외 사무실과의 전화 회의가 늦은 저녁 시간에 예정되어 있다. 하루 동안 수신함으로 쏟아지는 메일은 수백 통. 하루가 48시간으로 연장된다고 해도 너무나 바쁠 듯한 엄청난 스케줄. 과연 이 상사의 머릿속은 어떻게 정리되어 있길래 수많은 업무를 다 처리할 수 있을까?

골드만 삭스 시절 내가 존경하던 상사는 아침 시작이 매우 **빠른** 사람이었다. 그는 내가 아는 한 세계 비즈니스맨 중에서도 가장 바쁜 한 명이었다.

그는 언제나 일찍 출근했다. 업무가 시작되기 한 시간 전에 일찍 출근해 사람이 거의 없는 조용한 사무실에서 누구보다 먼저 업무를 시작했다. 하루 중에서 유일하게 타인의 방해를 받지 않고 혼자 조용히 업무를 처리할 수 있는 새벽 시간대에 효율적으로 일에 몰입했다. 자신만을 위한 그 시간에 상사가 도대체 무슨 생각을 하고, 어떤 순서로 일을 처리하고, 이제부터 다가올 하루의 '전쟁'에 맞설 준비를 어떻게 하고 있었는지, 직접 확인해 보지는 못했다. 그러나 그 한 시간이 필시 상사에게 매우 귀중한 시간이었다는 점만은 쉽게 상상이 간다.

## 아침 업무를 메일 체크로 시작하지 말라

일을 잘하는 사람들 중에는 아침형 인간이 많다는 이야기를 종종 듣는다. 실제로 주변의 유능한 비즈니스맨들을 살펴보면 아침형 인간이 압도적으로 많다. 아침이 일을 효율적으로 처리할 수 있는 최적의 시간대라는 점은 이미 다양한 연구를 통해서도 밝혀진 바 있다.

생리적인 이유 외에도 아침에 효율이 높은 이유는 몇 가지 더 들 수 있다. 그중에서도 가장 큰 이유는 이른 아침에는 전화벨이 울리지 않고 방문객이 없으며 같은 사무실의 상사·동료·부하로부터 회의나 대화를 요구받는 일이 적다는 점이다. 즉 정식 업무가 시작되기 한 시간 전의 아침은 유일하게 사무실이 조용하고, 누구에게도 방해받지 않으므로 자신의 일에 100퍼센트 집중할 수 있는 시간이다.

반대로 효율이 낮아지는 시간대는 점심식사 이후다. 특히 오후 1시부터 시작되는 회의는 생산성이 떨어지기 쉽다. 식사를 마친 직후라 온몸의 에너지가 소화기관으로 몰리고 졸음이 쏟아진다. 아침에 일찍 일어나 활동을 시작한 사람에게는 하루 중에서 가장 나른해지는 시간대이기도 하다. 이 시간대에 집중력을 요하는 일은 적합하지 않다. 효율성이 높은 아침 시간대에 한 시간이면 끝낼 수 있는 일이 오후로 넘어가면 세 시간 넘게 매달려도 마무리 짓지 못하곤 한다.

시간대마다 달라지는 생산성을 적극적으로 염두에 두고 스케줄을 짜면 효율성은 분명히 높아진다. 나는 다음 세 가지를 특히 염두에 두고 있다.

1. 아침 첫 한 시간은 집중을 요하는 작업이나 아이디어 떠올리기에 사용한다.
2. 메일 처리는 절대 아침 시간에 하지 않는다. 이동 중 시간이나 생산성이 떨어지는 오후 시간대에 처리한다.
3. 그날 할 일은 전날 퇴근 전에 미리 정리하고, 아침 업무를 시작할 때는 확인만 한다.

아침에 출근해 가장 머리가 맑은 그 한 시간 동안 막혔던 일의 해결책을 찾아본다. 혹은 새로운 아이디어를 떠올리는 시간으로 삼는다. 또는 집중력이 필요한 작업을 마무리하는 데 사용해도 좋다.

모처럼의 귀중한 아침 시간대에 무심코 하기 쉬운 업무는 메일의 답장을 보내는 일이다. 혹은 그날 무슨 일을 진행해야 할지 정리하는 일이다. 머리가 가장 맑은 시간대에는 소위 머리를 사용하지 않는 단순업무로 시간을 허비하지 않는 것이 효과적이다. 아침의 첫 업무를 시작할 때는 머리를 회전시킬 필요가 있는 일에 할당하는 편이 바람직하다.

# 24

## 퇴근 전에
## 자리를 정리정돈하는 이유

매일 밤 자정을 넘어 2시가 가까워져 올 때까지 사무실에서 일하고 다음 날 아침 출근 시간 9시에 아슬아슬하게 맞춰서 사무실에 도착한다. 그리고 잠시 사무실 근처에 있는 카페에 들러 허기진 배를 채울 수 있는 빵과 커피를 사서 자리에 앉는다.

지각하지 않았음에 안도의 한숨을 쉬고 컴퓨터를 켠다. 졸린 눈을 비비면서 아침 식사용으로 사온 빵을 볼이 미어지게 넣고 커피를 마신다. 컴퓨터가 켜지면 메일 수신함을 열고 하룻밤 사이에 잔뜩 쌓인 메일을 보며 짜증을 낸다. 받은 메일을 정리하고 답장 메일을 보내고 나니 시간은 어느덧 10시. 산처럼 쌓인 일을 어디서부터 손대야 할지 몰라 초조해진다.

이 모습은 사실 골드만 삭스에 갓 입사한 신입 1년 차 때의 내 일상이었다. 일을 못하는 전형적인 신입사원의 모습이다. 선배와 상사로부터 시도 때도 없이 야단맞고, 책상 위로 업무는 쌓여만 가는데 제대로 처리하지도 못하고 계속되는 야근과 수면 부족에 시달리는 악순환이 반복되던 때였다.

변함없이 오전 업무를 시작하던 어느 날, 옆자리에 앉은 선배 A에게 이런 말을 들었다.

"자네, 아침밥 정도는 집에서 먹고 오게. 아침 출근 직후의 귀중한 시간을 헛되게 보내지 말란 말이야."

선배 A는 바로 며칠 전 일본의 한 금융기관에서 이직해 온 뱅커 출신이었다. 골드만 삭스 입사는 내가 몇 개월 앞서지만, 업무 실력으로 본다면 나와 엄청난 차이가 나는 대선배였다. 엄격한 충고에 긴장해서 처음에는 무서워했지만 나중에 알고 나니 후배를 잘 돌봐 주고 일도 완벽하게 처리하는 선배였다.

미국의 유명한 비즈니스 스쿨에서 MBA를 취득하고 일본으로 돌아와 업계에서 인정받을 만큼 여러 성과를 낸 후 더 높은 목표를 위해 골드만 삭스로 옮겨 온 사람이다. 옆자리에 앉은 지 일주일도 지나지 않아 그 사람의 실력은 입사 1년 차인 나에게도 명확하게 보였다.

그날부터 나는 옆에 앉은 선배 A를 유심히 관찰하기 시작했다.

선배 A의 퇴근 시간은 늘 늦었다. 다른 뱅커들과 마찬가지로 자정을 넘겨 다음 날로 날짜가 바뀌고 난 후에 퇴근하는 날이 많았다. 하지만 얼마 지나지 않아 눈에 잘 보이지 않을 만큼 사소한 습관이지만 일을 하는 방법에서 나와 결정적으로 다른 점을 깨달았다.

바로 책상 위의 모습이었다. 선배 A는 퇴근 전에 언제나 자신의 책상을 깔끔하게 정리정돈했다. 걸레질로 책상 위를 깨끗하게 닦으면서 청소를 했다는 말이 아니다. 여러 프로젝트를 동시에 맡고 있었기 때문에 자료가 뒤섞이지 않도록 각각 프로젝트별로 정리하고, 종이 한 장에 다음 날 할 일을 적어 놓았다. 다음 날 아침 출근하자마자 전력으로 일에만 매진할 수 있도록 우선순위를 매겨 두고 나서 퇴근했던 것이다.

선배 A는 다음 날 아침 출근하자 자리에 앉아 전날 남긴 메모를 한 번 훑고 컴퓨터를 켰다. 그리고 그때부터 맹렬한 속도로 일을 처리해 나가기 시작했다.

업무 중에 상사나 동료가 부르면 늘 침착하고 안정된 모습으로 자리에서 일어났고, 일에 쫓기는 모습은 한 번도 보이지 않았다. 항상 선배 A 주변의 모든 것이 효율적이고 안정적으로 돌아가고 있는 듯했다. 그리고 그 움직임 하나하나에 자신감이 흘러넘쳤다.

그때부터 나는 방법을 바꾸기로 마음먹었다. 곧 바로 선배 A처럼은 할 수 없어도 가능한 것부터 시작하기로 했다.

나는 퇴근 전에 다음 날 할 일을 우선순위에 따라 미리 정리하고, 출근하면 우선순위의 첫 번째 일부터 처리하려고 머리와 마음의 준비를 해보았다. 놀랍게도 이 간단한 습관은 일의 효율성을 획기적으로 높여 주었다. 퇴근 전에 다음 날 할 일을 미리 정리해 놓으면 다음 날 아침에 집을 나선 순간부터 사무실에 도착할 때까지 무엇을 해야 할 지를 머릿속에서 되새겨 볼 수 있고 그날 하루 동안 해야 할 일이 명확해지고 마음에 여유가 생긴다.

하루 중 가장 머리가 맑고 집중력이 좋은 오전 시간에 우선적으로 해야 할 일을 전력으로 처리하면서 효율성이 높아지고 일의 성과도 점점 높아졌다.

# 25

## 월요일이 시작되기 전에
## 업무 모드로 전환한다

주5일 근무가 전면 시행되면서 많은 직장인들이 금요일 저녁부터 업무에서 벗어나 즐거운 마음으로 휴일을 즐긴다. 하지만 시간이 쏜살같이 지나가 어느덧 일요일 오후쯤 되면 밖에서 사람들과 만나 즐겁게 웃고 떠들다가도 문득 내일부터 시작할 업무가 머릿속을 스치곤 한다. 해가 질 무렵에는 이제 주말도 끝났구나 하고 실감하기 시작한다. 기분이 갑자기 우울해지고 하루만 더 쉬고 싶다는 생각이 간절해진다.

직장인이라면 누구나 공감할 만한 일요일 저녁의 모습이다. 토요일까지 일하던 과거와 다르게 쉬는 날이 하루 더 늘었는데도 오히려

세계 최고의 인재들은 왜 기본에 집중할까

월요일이 더 피곤해졌다고 말하는 사람들이 많다. 사실 주말에 쉬면 쉴수록 월요일에 다시 일터로 돌아와 업무 모드로 돌아가는 데는 더 많은 노력이 필요하다. 오히려 쉬지 않고 계속 일만 하면 이렇게 서로 다른 모습으로 바뀔 때 소모되는 에너지를 줄일 수도 있다.

하지만 쉬지 않고 계속 일만 하다 보면 장기적으로는 건강 관리와 질 높은 성과 면에서도 나쁜 영향을 줄 뿐이다. 적당한 기분전환과 업무 시간 외에 즐길 수 있는 취미나 오락 거리를 가지면서 몸과 마음 모두 건강한 상태로 일할 때 결과적으로는 성과를 올릴 수 있다.

신입사원 시절에는 월요일 아침마다 열리는 조회에 참석하는 일이 무엇보다도 싫었다. 평소보다 30분 일찍 출근해야 했기 때문이다. 가까스로 시간에 맞춰 회의실에 들어가면 월요일 이른 시간부터 최상의 컨디션으로 회의를 진행하는 상사의 모습에 놀라곤 했다. 도대체 어떻게 저 상사는 월요일 아침부터 전력으로 일하며 존재감을 나타낼 수 있는 걸까? 답은 간단하다. 이미 업무 모드로 기분전환을 했고, 또 조회 준비를 확실하게 했기 때문이다.

월요일 오전의 근무 태도를 보면 그 사람의 능력을 단박에 파악할 수 있다. 월요일 아침에는 누구나 출근이 달갑지 않다. 때로는 주말 늦잠의 여파로 졸음에 시달리기도 한다. 이런 똑같은 상황에서 월요일 아침부터 자신의 능력을 100퍼센트 발휘하여 업무를 처리하는 사람은 분명 무언가가 다르다. 기분을 전환하는 능력을 지녔고 언제나 필요할 때 집중력을 발휘할 수도 있으며, 또 항상 한 걸음 먼저 업무를 파악하여 준비하는 마음가짐이 되어 있다는 증거다.

이와는 정반대의 사람도 있다. 새로운 한 주의 시작인 월요일 아침부터 지각하고, 주말의 기분을 떨치지 못한 채 오전 내내 정신없이 보낸다. 이는 명백하게 기분을 전환하는 능력과 준비 능력이 결여되어 있다는 증거이다.

아무리 간절히 기도해도 주말은 지나가고 월요일은 다시 찾아온다. 그래서 우리는 월요일 오전부터 전력 질주할 수 있는 프로페셔널을 목표로 해야 한다. 계획했던 업무를 말끔히 모두 마치고 나면 휴일 또한 더 없이 기분 좋게 보낼 수 있다.

월요일 아침을 효율적으로 보내기 위해서 나는 일요일 저녁마다 다음 세 가지를 반드시 실천한다.

### ❶ 주말에 즐거웠던 일을 되돌아본다

친구나 가족과 외출한 장소와 시간, 자기투자를 통해 얻은 지식, 맛있는 식사나 술 등을 다시 떠올려 본다. 기록을 남기기 위해 사진을 찍거나 메모를 하면서까지 유난을 떨 필요는 없다. 그저 저녁 식사를 하면서 가족과 함께 "이번 주말도 즐거웠으니 내일부터 각자 열심히 한 주를 보내자."라고 대화를 나누는 선에서 그치면 된다. 이런 대화만으로도 충실하게 보낸 주말을 되돌아보며 내일부터 열심히 일할 수 있는 에너지를 얻을 수 있다.

**❷ 일주일과 월요일 하루의 할 일 리스트를 확인한다**

내일부터 시작되는 일주일의 스케줄을 미리 확인한다. 그리고 대략적으로 예정된 일주일의 작업 일정을 머릿속에 그려 보고 다음 날인 월요일 하루의 할 일 리스트를 확인한다. 출근 직후 곧바로 업무를 시작할 수 있도록 어떤 일을 해야 할지 확실하게 정해 둔다.

**❸ 평소보다 15분 일찍 일어나도록 알람시계를 맞춰 놓는다**

월요일 아침은 바쁘다. 차도 더 많이 막히고, 아침에 주간 회의도 진행된다. 다른 날보다 15분만 일찍 일어나 보자. 그러기 위해서라도 전날 일찍 잠자리에 들도록 한다.

이 세 가지를 실천하는 데는 채 30분도 걸리지 않는다. 일요일 밤에 30분을 투자해서 일주일을 효과적으로 이끌어갈 수 있는 만큼, 반드시 이번 주말부터 시도해 보자.

# 26

업무에서 길을 잃지 않는
골드만삭스의 우선순위 설정법

앞으로 3일 후에 진행될 점검 회의용 자료는 아직 한 페이지도 완
성하지 못했다. 다른 일이 산더미처럼 쌓여 있어서 손을 댈 수 없는
상황이 계속되더니 결국 마감까지 사흘밖에 남지 않았다. 정식 회의
전에 함께 자료에 대해 논의하고 피드백을 줘야 할 상사는 내일 오후
밖에 시간이 없다고 한다. 하지만 오늘 밤엔 다른 일로 야근을 해야
한다. 꼭 이럴 때 다른 고객으로부터 전화가 와서 긴급 대응이 필요해
진다. 게다가 또 다른 건으로 선배로부터 일을 부탁받았다.

한 달 전부터 약속한 친구들과의 식사가 내일로 예정되어 있다. 회
장직을 맡고 있는데 아직 식당 예약도 하지 못했다. 지난 일주일 동안

제대로 잠을 자지 못해서 머리가 돌아가지 않는다. 초조할 뿐이다.

난 신입사원 시절에 종종 이런 패닉 상태에 빠지곤 했다. 일은 언제나 예상치 못한 상황에서 일어난다. 개인 사정을 봐 주면서 기한이 늦춰지거나 갑자기 시계가 멈춰 마감일이 다가오지 않거나 하는 일은 현실에서 절대 일어나지 않는다. 일이 줄기는커녕 공교롭게도 엎친 데 덮친 격으로 이미 끝낸 업무에서 문제가 발생하기도 한다. 피로가 쌓이고 초조함이 더욱 심해질수록 업무 속도는 점점 느려진다.

이런 상황에 빠져 괴로워하고 있는 나에게 한 선배가 팔을 걷고 해결책을 찾아 주었다. 제일 먼저 종이 한 장을 펼치고 그때 내가 처한 상황과 처리해야 할 일들을 상세하게 써 주었다. 그리고 어떤 것들을 우선 처리하는 게 좋을지 일목요연하게 순서까지 매겨 주었다.

선배가 작업 목록을 정리해 준 결과, 나는 눈앞의 상황에서 빠져나올 수 있었다. 그때부터 나는 일이 겹쳤을 때는 억지로라도 하던 일을 멈추고 눈앞의 할 일을 정리하는 습관을 들이기 시작했다. 이후로 일 때문에 패닉에 빠지는 빈도가 현저하게 줄어들었다.


## 시간 개념을 쉽게 보지 않는다

할 일을 정리할 때는 '우선순위'와 '완성까지 필요한 시간'이라는 두 가지를 축으로 눈앞의 일을 분류해야 한다.

우선 일을 우선순위에 따라 분류한다. 우선순위에 따라 일을 분류하면 곧바로 처리해야 하는 일이 무엇인지 명확해지고 필요 이상으로 조급했던 마음이 안정된다. 다음으로 완성까지 필요한 시간이 얼마나 되느냐에 따라 정리한다. 시작하자마자 바로 끝낼 수 있는 일과 그렇지 않은 일을 구별한다. 금세 끝낼 수 있는 일이 의외로 많다고 확인되면 차분하게 일을 처리할 수 있다.

예를 들면 친구들과의 약속 장소를 정하고 예약하기 위해서는 장소의 선택 기준만 명확하면 바로 인터넷으로 검색해서 전화하면 된다. 3일 후로 닥친 회의 자료는 내일 오후까지 뼈대가 되는 몇 가지 기준을 정해 상사의 승낙을 받으면 된다. 상세한 내용 작성은 내일과 모

우선순위 설정 매트릭스

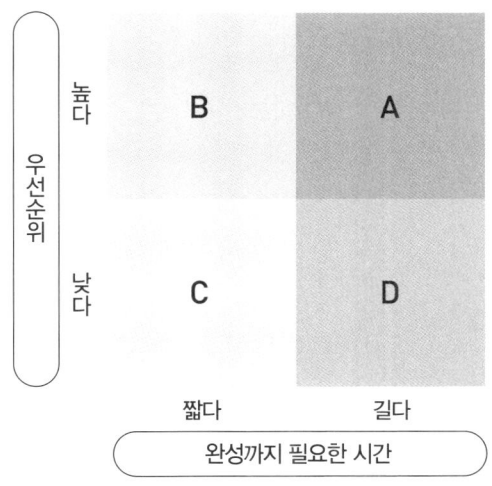

레 밤 시간을 이용해 할 수 있다.

일을 분류한 후에는 우선순위가 높고 완성까지 긴 시간이 걸리는 일(A)부터 처리한다. 아무리 노력해도 마감 시간에 맞출 수 없다고 판단되면 지체하지 말고 바로 대처해야 한다. 클라이언트나 상사에게 먼저 연락해 현재 상황을 설명하고 마감일을 재설정해달라고 할 수밖에 없다. 마감일까지 불가능한 일을 붙들고 있다가 마감 당일에 불벼락을 맞기보다는 먼저 연락해 다음 액션을 취하는 편이 더 현명하다.

다음으로 우선순위가 높고 바로 완성할 수 있는 일(B)에 착수한다. 이 일을 눈앞에서 정리해 놓으면 마음이 꽤 편안해질 것이다. 그 후 마감일을 연장시켜 두었던 우선순위가 높고 완성까지 시간이 걸리는 일(A)을 차분히 시작한다.

우선순위가 낮은 일은 그 후에 시작한다. 짧은 시간에 완료할 수 있는 일(C)은 리스트에서 하나하나 지워 가면 된다. 마지막으로 우선순위가 낮고 시간이 걸리는 작업(D)에 착수한다. 정리하면 다음과 같은 순서가 된다.


A의 대응 →B의 착수 →A의 착수 →C의 착수 →D의 착수


여기서 중요한 점은 한정된 시간 내에 어떻게 우선순위를 정하고 생산성이 떨어지지 않도록 냉정하게 한 가지씩 제대로 대처하느냐이다.

☐

아무리 바빠도 반드시 약속 시간을 지킨다.

☐

일과 삶의 조화를 위해 노력하면 성장의 질이 달라진다.

☐

집중력이 가장 높은 오전 업무 시간을 소중하게 활용한다.

☐

다음 날 곧바로 업무를 시작할 수 있도록 퇴근 전에 자료를 정리정돈하고, 할
일 리스트를 적는다.

☐

월요일 아침에는 15분 일찍 일어나도록 알람시계를 맞춰 놓는다.

☐

업무가 쌓여 있을 때는 우선순위가 높고 시간이 적게 걸리는 일부터 처리한다.

4

C H A P T E R

McKinsey & Company

# 성과로 이어지는
# 커뮤니케이션 노하우

Harvard Business School

McKinsey & Company

# 27

## 바로 손이 닿는 곳에
## 노트를 둔다

골드만 삭스와 맥킨지에서는 노트를 매우 유용하게 활용한다. 흔히 신입사원이 업무를 배우기 위해 끊임없이 노트에 무언가를 메모하는 모습을 떠올린다면, 대답은 '아니다'이다. 경력과 직급에 상관없이, 아니 오히려 경력이 화려한 사람일수록 노트를 더욱 잘 활용한다.

골드만 삭스에서는 국내뿐만 아니라 해외 각국의 클라이언트들과 함께 일을 하게 된다. 거리와 시간적인 이유로 한자리에 모여 미팅할 수 없을 때에는 화상 회의가 열리는데 그때마다 상사의 진면모를 확인할 수 있다. 유창한 영어로 회의를 이끌어 나가면서 논의 내용을 거침없이 메모한다. 모국어가 아닌 영어로 말하는 사람이라고 생각할 수 없을 정도로 모든 내용을 놓치지 않고 노트에 담는다.

또 다른 대형 M&A 프로젝트에서도 계약 조건에 대해 논의할 때, 구체적인 조항을 작은 것 하나도 놓치지 않고 받아 적는 상사의 모습은 놀라울 정도였다. 회의에서 오가는 내용을 끊임없이 메모하면서도 상사의 입에서는 회의를 주도적으로 이끄는 발언이 계속 쏟아졌다. 당시 신입이던 나는 그 모습에 놀라움을 감추지 못했다.

그렇다고 내가 입 벌리고 가만히 앉아 구경만 할 수도 없는 상황이었다. 그저 논의에 뒤처지지 않으려고 필사적으로 회의에 집중했다. 물론 처음에는 어떻게 메모하면 좋을지 방법도 모른 채 무작정 받아 적기에 급급했다.

골드만 삭스에 입사한 초기에는 몇몇 선배들로부터 노트를 쓰는 방법에 대해 지도를 받았다. 포인트를 정리하면 다음의 두 가지이다.

1. 노트를 항상 손이 닿는 곳에 놔둔다.
2. 회의에서는 무조건 메모한다.

골드만 삭스는 세계 어느 지역의 사무실에 가도 업무 스타일이 비슷하다. 새로운 프로젝트를 담당할 사람들에 대한 배정은 언제나 갑작스럽게 이루어진다. 물론 이미 진행하고 있는 다른 프로젝트도 있지간 새로운 프로젝트가 추가됐다고 해서 업무량이 조절되는 것은 아니다. 새로운 프로젝트에 대해서 하나하나 자상하게 가르쳐 주는 상사는 상상도 할 수 없다. 최고의 인재들이 모여서 최상의 성과를 내야 하는 그곳에서는 언제 어디서나 자신의 능력을 100퍼센트 발휘할 수 있어야 한다.

그렇기 때문에 업무 지시를 하나라도 놓치지 않기 위해서는 노트를 언제든 바로 펼칠 수 있는 곳에 두어야 한다. 노트를 찾느라 우왕좌왕하는 사이에 벌써 상사가 지시를 내리기 시작한다. 도중에 질문할 여유도 없이 단숨에 이어지는 경우도 있다.


## 노트에 메모하는 세 가지 의미

노트를 들고 회의에 참가하는 자세는 사회인으로서 최소한의 준비이다. 어떤 사람도 메모 없이 한 시간 이상 이어지는 회의 내용을 모두 기억할 수 없다. 메모하는 데에는 크게 세 가지 의미가 있다.

1. 비망록을 만든다.
2. 내용을 정리한다.
3. 말하는 사람에게 듣는 사람이 이해하고 있음을 나타낸다.

메모하면 회의 도중에 자신도 모르게 다른 생각을 하는 것을 막고 회의에 집중할 수 있도록 도와준다. 회의 내용을 놓치거나 못 듣게 되는 일을 사전에 방지한다. 또한 아무리 회의에 집중한다고 해도 모든 내용을 다 기억할 수는 없다. 메모하는 과정에서 내용을 다시 한 번 더릿속에 저장해 기억력을 높인다. 다음으로 지시나 논의 내용을 정리할 수 있다. 또 메모하면서 고개를 끄덕이거나 갸우뚱하는 등의 반응으로 말하는 사람은 듣는 사람이 얼마나 잘 이해하고 있는지, 또 어느 부분에 대한 설명이 더 필요한지를 확인할 수 있다.

설령 반드시 메모할 필요가 없는 회의일지라도 노트를 들고 참석해야 한다. 그러면 상대방은 당신이 중요한 대화를 나눌 준비가 되어 있다고 생각할 것이다. 맨손으로 회의에 참석해서는 절대로 안 된다. 어떤 상황에서도 자신이 항상 준비되어 있다는 모습을 보여야 하기 때문이다.

# 28

## 일을 맡으면 그 자리에서
## 완성된 이미지를 공유한다

일을 맡을 때는 그 자리에서 지시를 내린 사람과 완성된 일의 이미지를 공유한다. 그러기 위해서는 우선 5W1H(누가, 무엇을, 언제, 어디에서, 어떤 이유로, 어떻게)를 명확하게 확인해야 한다. 그리고 일이 완성된 전체적인 이미지를 그 자리에서 공유한다.

프레젠테이션 자료를 작성한다고 가정해 보자. 우선 5W1H를 꼼꼼히 확인한다. 프레젠테이션의 상대는 누구인가. 어떤 메시지를 전달해야 하는가. 언제 회의를 진행하는가. 언제까지 자료를 준비해야 하는가. 어떤 세팅을 해야 하는가. 프레젠테이션의 배경은 무엇인가. 프로젝터를 사용하는가 아니면 종이를 나눠 주는가 등이다.

5W1H를 확인하면 어떤 프레젠테이션이 효과적일지 빠르게 감을 잡을 수 있다. 상대가 클라이언트 기업의 임원이라면 자료는 가능한 한 간결하게 만들어야 한다. 자료를 보는 대상의 연령대가 높다는 가정하에 글자는 큼지막하게 만드는 편이 좋다. 상품 전략에 관한 프레젠테이션이라면 상대의 이해도를 높이기 위해 경쟁 상품과의 비교 이미지 같은 시각적인 요소를 풍부하게 활용한 자료가 효과적일 것이다.

프레젠테이션을 주목적으로 열리는 회의가 아니라 중간에 진행되는 형태라면 주어진 시간이 매우 짧다. 중간보고를 위한 프레젠테이션이라면 혹시 모를 질문에 대비해 백업 데이터를 풍부하게 준비한다. 한정된 시간 안에 프레젠테이션을 해야 한다면 준비 작업에 시간이 걸리는 프로젝터 방식은 피하고, 개인별로 자료를 배포하는 방법이 더 적합하다.

다음으로 완성된 이미지를 공유한다. 이제 막 진행을 시작한 프로직트의 완성된 모습이라고 하면 다소 어려워하는 사람들도 있다. 하지만 생각보다 방법은 간단하다. 바로 이전에 했던 비슷한 일을 예로 들면 된다.

"6개월 전에 ○○사에 했던 것과 같은 '이미지' 위주의 자료로 준비해도 괜찮겠습니까?"라고 확인하는 질문만으로도 상사와 당신의 사전 공유는 충분하다. 과거에 참고가 되는 사례가 없으면 몇 가지 파트를 조합하여 제시해 본다.

"3주일 전에 해당 클라이언트 기업의 기획부에 제출한 제안서를 좀 더 간결하게 정리해서 주요 메시지를 눈에 띄게 하고, 비주얼 정보를 조금 추가하는 '이미지'로 되겠습니까?'와 같이 말한다.

만약 거기서 상사가 생각하던 이미지가 당신이 제안한 이미지와 다르다면 상사가 다른 아이디어를 낼 것이다.

"아니, 오히려 저쪽 회사는 두툼한 자료를 선호하니까 중간보고용이라고 해도 너무 콤팩트하게 만들지 않아도 되네. 오히려 기획부에 제출한 제안서에는 더 이상 손을 대지 말고 비주얼 정보를 추가하는 '이미지'로 하지."

두세 번 대화가 오고 가는 것만으로도 상사와 당신의 '이미지' 공유는 충분하다. 당신은 이렇게 말한다.

"그럼 지금 '이미지'로 초안을 준비해 보겠습니다. 초안이 완성되면 곧바로 보고 드리겠습니다. 코멘트를 해주십시오. 내일 저녁때까지 준비하겠습니다."

이렇게 본격적으로 일에 착수하기 전에 충분히 대화를 나눔으로써 서로 오해를 막을 수 있다. 게다가 다른 이점도 있다. 바로 지시를 내리는 쪽인 상사도 충분히 예상하지 못했던 일의 결과, 즉 아웃풋을 의식하게 된다는 점이다.

상사는 바쁘면 바쁠수록 눈앞의 일을 부하에게 맡기려고 한다. 그러나 상사에게 아웃풋 이미지가 완성되지 않은 일이라면 그 일을 진행하는 부하에게도 리스크가 있다. 왜냐하면 완성된 아웃풋이 상사의 생각과 다른 경우가 발생할 수도 있기 때문이다.

이미지 공유 과정을 거치면 시간이 더 걸린다. 지시를 내리자마자 바로 일단락 짓고 싶어 하는 상사에게 자꾸 대화를 시도하는 당신은 성가신 부하로 비칠지도 모른다.

그래도 서로의 시간을 효율적으로 쓰기 위해서 사전에 충분한 대화를 나누는 일은 중요하다. 억지로라도 상사를 상대로 이미지 공유를 실천해 보자.

# 29

## 새로운 일을 맡았다면
## 즉시 5분간 실행한다

일을 맡아서 자기 자리로 돌아오면 바로 일을 시작해야 한다. 뒤로 미뤄 봐야 그만큼 효율만 떨어질 뿐이다. 책상 위에 펼쳐 놓은 다른 일이 있다면 잠시 그 일을 미루자. 그리고 방금 맡은 일에 5분만 집중해 보자.

당장 5분 동안 해야 할 일은 다음과 같다. 우선 지시받은 내용을 재정리한다. 그리고 작업 계획을 세우면서 시간 확보에 나선다. 이런 기초 작업이 끝났다면 빨리 처리해야 할 일부터 곧바로 시작한다.

예를 들면 약속 조정이 필요한 관계자에게 곧바로 메일을 보낸다. 발주할 내용이 있으면 먼저 주문을 해두고 시간을 벌자.

## 일의 효율을 높이는 몇 가지 방법

새로운 일을 지시받은 즉시 5분간 진행하면 작업 효율이 획기적으로 높아진다. 이뿐만 아니라 당신에 대한 평가가 높아지는 또 다른 이점도 있다. 어떤 일이든 일단 시작해 보면 일을 지시받은 당시에는 생각하지 못했던 새로운 의문점이 생기게 마련이다. 이런 경우에는 바로 상사에게 확인하러 가자.

초보적인 사항에 대한 의문일수록 그 자리에서 바로 확인해야 실수를 최소한으로 줄일 수 있다. 다음 날 아침이 돼서야 초보적인 사항을 확인하러 오는 부하에 대한 평가가 좋을 리 없다. 마감일에 맞추지 못한다는 최악의 사태에 빠질 가능성도 있다.

5분 동안 매달려서 작업 계획을 만들어 보자. 그 시점에서 의문점이 있으면 바로 확인하자.

여기까지 했으면 그다음은 작업 계획에 따라 진행하기만 하면 된다. 작업 중이던 다른 일로 돌아가도 된다. 5분 동안 바로 실행해 보는 습관을 들이자.

그리고 한 가지 더 주의할 점이 있다. 바로 정해진 날짜보다 하루 전으로 마감일을 설정하는 일이다. 그렇게 하면 일하는 속도가 빨라진다. 또 자신이 작업을 진행하다가 부딪히는 과제가 생길수록 그만큼 빨리 상사와 상담할 수 있다. 마감일을 일찍 설정하고 일에 바로 착수하면 그만큼 일의 효율성 높아진다.

# 30

## 메일의 회신 속도가
## 당신에 대해 말해 준다

한 가지 상황을 떠올려 보자. 정신없이 업무를 처리하던 중 급한 메일을 보내기 위해 메일함을 연 당신의 눈에 새로 도착한 메일 한 통이 들어온다. 발신자를 확인하니 한 번도 들어본 적 없는 낯선 이름이다. 업무에 쫓기던 당신은 당장 보내야 할 메일만 재빠르게 보내고 메일함을 닫는다. 그리고 낯선 발신자의 메일에 대해서는 까맣게 잊고 다시 일에 집중한다.

어떤가? 이런 상황은 업무 속에서 흔히 벌어지는 일이다. 낯선 발신자가 보내온 메일은 바쁜 업무 속에 쉽게 묻혀 버린다. 아침에 확인하고도 늦은 오후에 회신을 보내거나 때로는 며칠씩 확인하지 않고 그대로 두기도 한다. 그 메일을 보낸 상대가 얼마나 간절한 마음으로 회신을 기다릴지는 상상도 하지 못한 채 말이다.

이렇게 보통 사람들은 덜 중요하다고 생각하는 메일에 대해서는 늦게 회신한다. 하지만 업계에서 인정받는 인재일수록 회신 속도가 현저하게 빠르다. 발신자가 누구냐에 상관없이 어떤 메일에도 빠르게 회신한다. 골드만 삭스 시절에 초대형 글로벌 프로젝트를 진행하면서 내가 경험한 사실이다.

당시 나는 일본계 기업의 매각과 관련된 M&A 프로젝트에서 해당 기업의 매수에 관심을 보이는 매수 후보 기업의 리스트를 작성하는 일을 담당하고 있었다. 이 시기에 본격적으로 일본 기업에 관심을 나타내는 해외 기업의 이름을 간추려서 유럽과 북미, 아시아 지역별로 정리하고 이를 바탕으로 업계에서 롱리스트라고 부르는 매수 후보 기업 리스트의 초안을 마련했다.

그리고 이들 매수 후보 기업과 긴밀하게 관계를 맺고 있는 해외 지사의 시니어 뱅커들에게 일제히 메일을 보냈다. 그들에게 롱리스트 상의 매수 후보 기업이 매각에 관심을 나타낼지에 대해 의견을 구하는 내용이었다. 그들의 회신에는 역시 베테랑 뱅커답게 간결하지만 다양한 경험과 긴밀한 관계를 근거로 한 날카로운 의견이 정리되어 있었다.

메일을 주고받는 이 모든 과정은 내가 메일의 보내기 버튼을 누르고 나서 채 여섯 시간이 지나기도 전에 완료되었다. 발신 시점은 도쿄 시각으로 새벽 2시. 아침 8시에 출근해서 메일함을 확인했을 때 이미 80퍼센트에 가까운 회신이 도착해 있었다. 한마디로 여섯 시간 이내에 회신을 완료한 것이다.

무엇보다 그렇게 빨리 회신을 보낸 사람들이 전 세계를 날아다니며 최고의 성과를 내는 베테랑 뱅커라는 점에 나는 더욱 놀랐다. 솔직히 이제 막 업계에 발을 들인 도쿄 사무실의 애송이 뱅커였던 내 메일에 그렇게 빨리 답장을 해줄 것이라고는 전혀 기대하지 않았다.

수신함을 본 나는 그때의 런던 시각, 독일 시각, 북미 시각, 홍콩 시각 등 주요 해외 사무실과의 시차를 계산해 보았다. 이 사람들은 도대체 언제 잠들고 언제 식사를 하는 걸까? 과연 일에서 손을 떼고 있는 시간이 있기는 한 걸까?

골드만 삭스에서는 이처럼 빠른 회신을 당연시 여긴다. 눈코 뜰 새 없이 바쁘고, 다양한 프로젝트가 복잡하게 얽혀 있고, 해외 출장이나 중요 회의로 스케줄이 꽉 차 있는 최고의 뱅커일수록 회신 속도는 현저하게 빠르다. 그 이유는 세 가지가 있다.

1. 효율적인 업무 방법을 터득한 사람이 결과적으로 진급이 빠르다.
2. 회신이 빠른 사람일수록 프로페셔널하다는 공통된 인식이 있다.
3. 회신이 빠른 사람을 정당하게 평가하는 사내 인사 시스템이 있다.

하루에 수신하는 메일이 100통씩 일정하다고 가정해 보자. 회신을 바로 하든, 3일 후에 하든, 수신하는 메일 수는 변함이 없다. 그렇다면 바로 회신하는 편이 상대방에게는 좋은 인상을 주고, 자신의 눈앞에서도 빠르게 일거리 하나를 처리하게 된다. 결과적으로는 자신에 대한 평가가 올라간다.

다만 메일 회신을 할 때 주의해야 하는 세 가지 포인트를 소개한다.

**❶ 회신 속도는 보이지 않는 당신의 명함이다**

회신이 오기만을 기다리고 있는 상대방에게 당신의 회신 속도는 당신이 어떤 비즈니스맨인지를 말해 주는 제한된 정보 가운데 하나이다. 특히 요즘에는 메일이나 채팅같이 상대방의 얼굴이나 목소리를 접하지 않고 일방적으로 메시지를 보낼 수 있는 커뮤니케이션 수단이 많다. 메일을 보내고 나면 발신자는 상대방이 언제 메시지를 읽는지 확인할 방법이 없다.

기다려도 답장이 없으면 메일이 가지 않았구나, 하고 불안해진다. 그러면 곧바로 다른 메일 주소를 찾아보거나, 직접 전화를 걸 타이밍을 엿보곤 한다. 만약 이미 메일을 확인하고도 상대에게 답장을 하지 않아 이런 상황이 벌어진다면 상대방에게 불필요한 수고나 걱정을 끼치는 것과 다름없다. 만약 촌각을 다투는 일이라면 그 피해는 더욱 심각하다. 그러니 가능한 한 빨리 회신을 보내길 바란다.

❷ **회신에 시간이 걸린다면 양해를 구하는 메일을 먼저 보낸다**

외출 중이거나 급하게 회의에 들어가야 하는 상황이라 회신할
여유가 없다면 언제까지 회신한다는 확인 메일을 먼저 보내
자. 짧은 확인 메일만으로도 상대방은 자신의 메일을 중요하
게 생각해 준다고 여기며 안심할 수 있다.

❸ **생각을 정리할 시간이 필요하다면 하루가 지나고 회신한다**

한편, 감정적인 내용이 들어간다면 세심한 주의가 필요하다.
서둘러서 회신하는 것도 중요하지만 메일은 일단 보낸 후엔 삭
제할 수 없다. 나중에 후회할 만한 내용을 보낼 우려가 있다면
억지로라도 시간적인 여유를 갖고, 보낼 내용을 다시 한 번 확
인하고 나서 보내도록 하자.

31

최고의 인재들이
성공적으로 보고하는 방법

"그 건은 어떻게 진행되고 있나?"

상사의 날카로운 목소리가 조용한 사무실에 울려 퍼졌다. 조금 초
조해하는 것 같았다. 3일 전에 지시를 받은 리서치에 대해 진행 상황
을 보고하라는 요구였다.

'그 건'이라는 상사의 표현에서 나는 상사가 무엇을 의미하는지 바
로 알아차릴 수 있었다. 왜냐하면 그날 오후에 중간보고를 하려고 생
각하고 있었기 때문이다.

오전에는 다른 건의 클라이언트에게 전화가 와서 대응하느라 정신
이 없었다. 그렇다 하더라도 오전에 업무가 시작될 무렵에는 비교적

조용하고 차분한 분위기였고, 긴급하게 대응을 요구하는 전화만 없었다면 점심 전에 상사에게 먼저 보고할 수 있었을 것이다.

상사의 곁으로 다가서기 무섭게 잇따라 질문이 날아왔다. 당시 내가 진행하는 리서치는 세밀한 부분까지 철저하게 파고들기보다는 전체를 파악하는 일이 더 중요했다. 그날까지 준비된 리서치의 완성도는 평이한 수준이었다. 준비한 내용대로 상사의 질문에 침착하게 대답만 하면 순조롭게 끝날 일이었다.

그런데 내가 보고하기 전에 상사가 먼저 일의 진행을 물어보면서부터 첫 단추가 잘못 끼워졌음을 직감했다. 잠시도 틈을 주지 않고 상사의 날카로운 질문이 이어졌고 나는 그 앞에서 제대로 대꾸하지도 못하며 쩔쩔매게 되었다.

내 태도가 상사에게는 분명 자신감이 없는 모습으로 비쳤을 것이다. 통상적으로는 3분 정도면 끝났을 보고가 결국 15분 이상 걸렸다. 보고가 끝난 후 나는 땀을 흘리면서 자리로 돌아왔다.


## 보고의 기본은 타이밍이다

이 일은 내가 골드만 삭스의 신입 시절 때 실제로 겪은 일이다. 보고의 기본이 되어 있지 않은 나쁜 예다.

보고의 기본은 상사의 말이 나오기 전에 하는 것이다.

상사의 재촉이 있고 난 후에 하는 보고는 이미 늦은 것이다. 상사가 말하기 전에 먼저 보고를 하게 되면 포인트를 정리하여 논리적으로 전달할 수 있으며 준비가 확실하게 되어 있기 때문에 자신 있게 상사의 질문에 대답할 수 있다.

반대로 상사의 재촉을 받고 나서 보고한다면 순간적으로 상황을 정리해서 말하는 능력이 추가로 요구된다. 먼저 차분하게 내용을 정리할 시간이 없었기 때문에 수동적인 자세가 되어 상대방에게 내용을 자신있게 전달하기가 어려워진다.

제대로 내용을 보고하지 못하면 상사는 답답한 마음에 쉴 새 없이 질문을 던진다. 최악의 보고 상황이 연출되는 것이다. 보고는 수동적인 입장이 되기 전에 먼저 치고 나가야 한다.

상사의 입장에서 생각해 보자. 일을 맡긴 이상 부하가 능동적으로 일을 처리할 수 있도록 세세한 부분까지 먼저 주문하지 않으려고 노력한다. 부하가 먼저 보고하러 오기를 이제나저제나 기다리며 재촉하지 않으려고 애쓰기도 한다. 부하의 자주성과 주체성을 길러 주려고 간섭을 피하고 있을지도 모른다.

상사에 따라서는 단순히 감정적으로 보고를 재촉하는 사람도 있을 것이다. 그런 경우에는 상사의 성격을 고려하여 흥분하기 전에 보고하러 가겠다는 사전 계획이 중요하다.

만약 바로 보고할 준비가 되어 있지 않거나 시간이 없다면 즉시 상사에게 가서 보고를 좀 늦춰도 되겠느냐고 사전에 양해를 구해야 한다.

외출해야 할 상황이면 메모를 남기거나, 먼저 간단한 상황 보고를 메일로 보내는 식으로 미리 신경 써야 한다. 무엇보다 중요한 점은 상사가 먼저 말하거나 재촉하기 전에 먼저 보고해야 한다는 것이다. 이점은 반드시 놓치지 않고 기억해 두어야 한다.

## 32

# 보고는 가설을 넣어서
# 확인하는 형태로 진행한다

확인형 보고란 업무의 진행 상황에 대해 보고할 때 상사에게 내용을 확인하면서 보고하는 방법을 말한다. 예를 들면 이런 식이다.

"저는 ○○ 방식으로 하는 게 맞다고 생각하는데 그렇게 진행해도 괜찮겠습니까?"

확인형 보고는 일을 효율적으로 진행하는 데 있어서 무엇보다 중요하다. 또한 이는 당신에 대한 신뢰를 더욱 높여 줄 수도 있다. 만약 확인형 보고가 자연스럽게 몸에 배어 있다면 앞으로 더 큰 책임이 따르는 일을 맡을 수 있다는 의미이기도 하다.

보고에는 기본적으로 '보고·연락·상담'이라는 세 가지 활동이 함께 집약되어 있다. 여기서 집약이라고 표현하는 이유는 이 세 가지 요소가 단독으로 성립하지 않고 '조합'되어서 함께 진행되어야 하기 때문이다. 항상 세 가지 요소를 포함해야 일이 완결된다.

보고를 위해서는 가장 먼저 상대에게 연락을 취해야 한다. 보고는 진행되는 상황을 상대에게 일방적으로 알려 주는 것이 목적이 아니라, 상대방의 의견을 듣고 일의 진행 방향을 수정하거나 때로는 예상치 못한 변경 사항이 생겼을 때 이에 대한 상대의 동의나 승낙을 얻으려는 목적으로 진행되기 때문이다.

즉 연락하고, 보고하고 동시에 상담하는 과정을 어떻게 효율적으로 진행하느냐가 무엇보다 중요하다.


## 보고에는 가설 사고를 넣는다

확인형 보고에서 가장 중요한 핵심 열쇠는 바로 가설 사고다. 자기 나름대로 일의 진행 상황에 대해 가설을 세우고 결론을 이끌어 내는 방법이다. 보고할 때는 반드시 가설과 결론을 준비해서 간다.

앞에서 말한 보고의 예처럼 "저는 ○○ 방식으로 하는 게 맞다고 생각하는데 그렇게 진행해도 괜찮겠습니까?"의 표현 방법을 살펴보면 이미 결론을 말하고 승인을 구하고 있다. 필요하다면 상사에게 간결하게 설명할 수 있도록 결론의 근거인 가설을 정리해 둔다.

보고를 하다 보면 반드시 가설을 넣어야 하는 경우가 있다. 바로 일의 방향을 결정하는 최종 의사결정자인 상사의 의견과 자신이 이끌어 낸 결론이 다를 때다. 그럴 때는,

"저는 ○○ 방식이 맞다고 생각합니다. 이유는 △△ 때문입니다. 그렇게 진행해도 되겠습니까?"

라고 결론을 말한 후에 자신이 준비한 가설을 한마디 덧붙인다. 그렇게 함으로써 상사로부터 "왜?"라는 질문을 받는 시간을 생략할 수 있다. 그리고 상사와 자신의 의견이 왜 다른지에 대해 중점적으로 논의할 수 있다. 당신이 논리적인 가설을 준비하고 설득력 있게 설명한다면 혹시 상사의 결론과 달라도 당신을 믿고 일을 맡길 것이다.

확인형 보고를 효율적으로 할 때 당신에 대한 평가가 높아지는 이유는 단순히 보고를 잘해서가 아니다. 당신이 어떻게 과제를 해결하고 업무를 추진하는지 그리고 어떻게 결론을 이끌어 내는지를 확인하고 당신의 업무 방식에 대해 상사나 회사가 신뢰하게 되기 때문이다. 이렇게 하면 가까운 장래에 좀 더 큰 프로젝트를 맡게 될 것이다.

세계 최고의 인재들은 왜 기본에 집중할까

# 33

## 바쁜 상사의 스케줄을
## 비집고 들어간다

클라이언트와 미팅이 끝나고 사무실로 돌아가는 길에 엘리베이터 앞에서 우연히 같은 프로젝트를 담당하는 상사와 마주쳤다. 상사는 엘리베이터를 기다리고 있었다. 클라이언트와의 미팅을 위해 외출하는 듯한 모습이었다. 나는 상사에게 인사를 하고 복도를 걸어갔다.

그때 나는 갑자기 프로젝트 업무 중 그 상사에게 브리핑하고 간단한 피드백을 받아야 할 일이 떠올랐다. 오전에 다른 일로 외부 미팅을 진행했던 나는 회사로 돌아가서 곧바로 그 상사의 비서에게 연락해 오후에 시간을 조금 내달라고 부탁하려던 참이었다.

가던 길을 멈추고 나는 급히 뒤돌아서서 상사가 엘리베이터에 타는 순간 함께 엘리베이터로 뛰어들었다. 그 후 나는 상사가 택시에 오를 때까지 약 3분 동안 프로젝트 보고를 무사히 마쳤다.

사무실로 돌아와 알게 된 사실인데 그 상사는 다음 날 출장이 잡혀 있어서 그날 외부 미팅 이후에 현지에서 곧바로 퇴근하고 사흘 후에 ㄴ 회사로 복귀할 예정이었다. 만약 내가 그 짧은 시간을 활용하지 않았다면 보고는 한참 뒤로 미뤄졌을 뻔했다.

이것은 골드만 삭스 시절에 실제로 겪었던 이야기다. 물론 보고를 항상 이런 식으로 무계획적으로 진행해서는 곤란하다. 다만 자신이 계획하는 대로 언제나 보고 타이밍이 잘 맞는 것 또한 아니고, 프로젝트를 책임지는 상사들은 누구보다 바쁜 스케줄을 소화한다. 따라서 그들의 스케줄에 맞춰 보고가 이루어져야 하며 때로는 자신의 계획보다 더 미리 준비해 둬야 효율적으로 마칠 수 있다는 사실을 기억해 두자.

## 비집고 들어가는 능력이 일의 성패를 가른다

바쁜 상사의 스케줄 틈바구니로 타이밍 좋게 비집고 들어가서 효율적으로 보고하는 순발력도 때로는 중요하다. 프로젝트를 진행하다 보면 일의 진척이 계획대로 진행되지 않는 경우가 많다. 그렇다고 결재 권한을 가진 상사에게 보고하는 일을 건너뛴다는 것은 있을 수 없는 일이다.

이런 상황에서 바쁜 상사의 스케줄을 타이밍 좋게 비집고 들어갈 수 있는 당신은 귀중한 능력 한 가지를 더 갖고 있는 셈이다. 효율적인 업무 수행의 열쇠는 비집고 들어가는 능력에 달려 있기 때문이다.

사실 아무리 바쁜 상사라고 해도 적절한 타이밍에 비집고 들어오는 동료나 부하를 피하려고 하지 않는다. 오히려 남들은 쉽게 하지 못하는 그런 시기적절한 보고를 해내는 당신에게 호감을 갖고 높게 평가할 수도 있다.

사람은 누구나 자신이 타인에게 의지가 된다는 사실에 기뻐하고 좋아하기 때문이다. 때로는 간단한 보고만으로도 충분하다. 게다가 바쁜 사람일수록 따로 일정을 잡기가 쉽지 않기 때문에 잠깐의 시간을 활용해 보고한다면 충분한 가치가 있다. 또한 직급이 높은 상사일수록 시간 관리를 비서가 담당하는 경우가 많다. 이렇게 되면 보고하는 데 더 많은 노력이 필요하다. 상사에게 보고하기 위해 번호표를 뽑고 기다리는 사람들이 이미 수두룩하기 때문이다.

자신의 시간이지만 때로는 자신의 의지와 상관없이 스케줄이 관리되기도 한다. 그 때문에 자신이 중요하게 여기는 프로젝트의 진행 과정에 충분히 신경 쓰지 못하는 경우도 발생한다. 이럴 때에 부하 직원이 알아서 타이밍 좋게 보고한다면 그야말로 고마운 일이다.

# 바쁜 상사의 스케줄을 비집고 들어가는 세 가지 요령

바쁜 상사의 스케줄을 효율적으로 비집고 들어가기 위해서는 요령이 필요하다. 급한 회의에 참석하기 위해 발걸음을 재촉하는 상사의 앞을 가로막고 무턱대고 자신의 이야기를 들어달라고 애원할 수 없는 노릇이다. 다음 세 가지 요령을 활용한다면 제대로 보고를 마칠 수 있을 것이다.

**❶ 자신감을 갖고 비집고 들어간다**

상대방이 자신의 보고를 원하고 있다는 자신감을 갖고 임한다. 상대가 바쁘다고 해서 꺼릴 필요는 없다. 보고는 무엇보다 중요한 일이다. "제 이야기를 들어주십시오."라고 당당하고 자신 있는 자세로 해야 한다.

**❷ 항상 보고할 수 있도록 준비를 갖춘다**

팀 멤버 사이에서 일의 진척 상황을 공유하는 일은 중요하다. 일의 진척 상황을 적절하게 파악하여 간단명료하게 설명할 수 있도록 늘 머릿속으로 정리해 둔다. 언제든 보고할 수 있는 상태를 유지해야 한다. 이런 상태를 유지하면 자신이 지금 무엇을 해야 하는지가 확실해지는 효과도 있고, 잠시 긴장을 늦추는 사이에 발생하는 실수를 줄일 수도 있다.

세계 최고의 인재들은 왜 기본에 집중할까

❸ **간단명료하게 말한다**

바쁜 상대방에게는 무엇보다 간단명료하게 용건을 전달하는 것이 중요하다. "○○건으로 드릴 말씀이 있는데 3분만 시간을 내주시겠습니까?'라고 말한다. 그리고 내용을 전달할 때는 앞에서 말한 '확인형 보고'를 실천한다.

자신감을 갖고 바쁜 상사의 스케줄을 잘 활용한다면 일의 효율성이 높아질 뿐만 아니라 당신에 대한 상사의 신뢰도 높아질 것이다.

# 34

경과 보고는
다음 날 아침을 노린다


맥킨지에서 근무할 때 겪은 일이다. 수요일 오후 5시가 막 지날 무렵 함께 프로젝트를 진행하는 상사로부터 급한 호출을 받았다. 나는 노트를 들고 상사가 있는 회의실로 갔다. 상사는 갑자기 추가된 업무를 나에게 맡아달라고 부탁했다.

그날 밤 클라이언트와 중요한 회식 약속이 있었던 상사는 한 시간 후면 사무실을 나가야 했다. 그래서 눈앞의 급한 일을 정리하고 팀원들에게 업무 분담을 지시하는 중이었다. 할 일이 산더미처럼 쌓여 있어서인지 조금 초초해 보이기까지 했다. 게다가 부하에게 지시를 내리고 자신은 빨리 손을 떼고 싶어 하는 눈치였다.

그런데 갑작스럽게 클라이언트를 위한 보고 회의가 다음 주 화요일 오후로 잡혀 서둘러 보고 자료를 작성해야만 했던 것이다. 이미 오후 5시가 지난 상황이라서 그날 일할 수 있는 시간은 거의 없고 결국 실질적으로 목, 금, 월요일 3일 동안 모든 준비를 마쳐야만 했다.

자칫하다간 주말이 온전히 자료 작성으로 날아갈 수도 있었다. 당시 맥킨지에서는 평일에 일을 마무리 짓지 못하면 당연하다는 듯 주말에 출근하는 분위기였다. 따라서 주말까지 포함하면 총 5일 동안의 작업 시간이 있다는 계산이 나왔다.

상사는 나에게 보고 자료의 작성을 맡기고 싶다고 했다. 우선 초안이 되는 자료의 골격을 작성하고 최종적으로 상사와 협의하여 마무리해야 하는 일이었다. 일을 맡기로 한 나는 자리로 돌아와 먼저 작업 스케줄부터 짜기 시작했다.

우선 오후 업무가 끝나는 6시까지는 내가 맡고 있던 일을 진행하고, 나머지는 다음 날 오전에 마무리하기로 했다. 그리고 오후 6시 이후부터는 새롭게 지시 받은 자료를 만들기로 했다.

그날 늦은 시간까지 기초 자료의 작성을 마무리하고 프린트한 후 메모와 함께 상사의 책상 위에 올려두고 퇴근했다. 동시에 메일로도 상사와 팀 멤버들에게 자료를 보냈다. 그리고 다음 날 아침 일찍 출근하여 상사가 출근하기를 기다렸다가 직접 보고를 마쳤다.

일단 일을 맡았으면 100퍼센트가 아닌 일부라도 상관없으니 다음 날 아침에 반드시 보고하는 습관을 들이자. 일의 진도도 빨라지고, 결고물의 완성도도 높일 수 있다. 이튿날 아침에 보고하는 이유는 세 가지이다.

**❶ 조용한 환경에서 차분하게 보고할 수 있다**

아침 출근 직후의 사무실은 전화벨도 울리지 않고, 사람도 적기 때문에 보고하기에 최적의 환경이다. 또 머리가 맑을 때라 논의 진척도 빠르다.

**❷ 필요한 점을 반영하여 수정할 기회가 생긴다**

업무를 시작한 다음 날에 중간보고를 함으로써 방향성이 다르면 일찌감치 궤도를 수정할 수 있다.

**❸ 상대방의 기대치를 넘는다**

전날 저녁에 지시 받은 일을 다음 날 아침에 보고한다는 것은 일의 속도가 매우 빠름을 증명한다. 이는 상대방의 예상을 훨씬 뛰어넘는 속도로, 소위 잘나가는 상사일수록 이런 빠른 일처리를 좋아한다.

만약 그날 늦은 오후에 지시 받은 일을 바로 시작하지 않고 다음 날 아침으로 미뤘다고 가정해 보자. 근무 시간이면 늘 그렇듯 전화벨이 빈번하게 울리고, 급하게 참석해야 할 회의가 생긴다. 결국 그 일에 착수하는 것은 다음 날 늦은 오후나 밤이 될 가능성이 높다. 그리고 지친 머리와 몸에 채찍질을 해가며 야근을 통해 처리하게 된다.

그런데 다음 날마저 열심히 하지 않으면 또다시 그 다음 날로 일이 미뤄진다. 주중에 이런 상황이 발생한다면 결국 자신과 팀 멤버의 주말은 날아가 버리고 말 것이다.

일을 맡으면 바로 시작하고 상대방의 기대치를 뛰어넘는 속도로 일을 마무리하자. 그 결과 자신의 기대치도 뛰어넘는 등 업무에서 긍정적인 순환이 생긴다. 일을 맡고 난 다음 날 아침에 보고하겠다는 목표를 세우고 일에 착수하면 집중력과 효율성이 몰라보게 높아질 것이다.

☐

업무 지시는 반드시 메모로 남기고, 지시가 끝난 시점에서 확인한다.

☐

새로운 일은 맡자마자 바로 5분 동안 시작하면서 계획을 세우고 의문점을 없
앤다.

☐

회신 속도가 곧 당신을 평가하는 기준이 된다.

☐

상사가 언급하기 전에 먼저 보고하고 상사와 의견이 다를 때 가설을 넣으면
효과적이다.

☐

바쁜 상사일수록 스케줄 사이로 비집고 들어가서 보고한다.

☐

일을 맡으면 바로 시작하고 일부라도 좋으니 다음 날 아침에 반드시 보고한다.

# 5

C H A P T E R

# 이익을 극대화하는
# 자료로 회의에 기여한다

# 35

## 내가 만든 자료는
## 곧 내가 만든 상품이다

"복사한 자료를 다시 가지런히 정리해서 클립으로 좀 정성스럽게 철해 봐."

클라이언트 기업의 임원들 앞에서 진행할 중간보고 프레젠테이션을 30분 남겨 두고 있었다. 부랴부랴 자료를 복사하고, 클립으로 철한 후 택시를 기다리고 있을 때 선배 컨설턴트에게 들은 한마디였다.

솔직히 어이가 없었다. 나도 비교적 꼼꼼한 성격이라서 자료를 언제나 정성스럽게 취급한다고 생각하고 있었다. 심지어 그날은 클라이언트에게 전달할 자료가 구겨지지 않도록 자료용 가방까지 따로 준비해 놓은 터였다.

나는 일주일 내내 매일 밤샘을 할 정도로 충분히 그 회의를 준비했다. 수면 부족 탓인지 막판에는 집중력이 떨어졌고, 자료에는 사실 약간 엉성한 부분이 눈에 들어오기도 했다. 준비 시간이 촉박하기도 했고, 지각하지 않으려고 조바심을 낸 탓도 있었을 것이다.

짜증스러운 마음을 달래고 다시 확인해 보니 선배의 말처럼 확실히 수십 장에 이르는 자료의 가장자리가 들쭉날쭉 튀어나와 있었고, 클립 중 일부는 휘어지기까지 했다.

몇 날 며칠 밤샘 작업을 해가며 논의를 거듭한 귀중한 자료는 온데간데없고 볼품없고 엉성한 자료만이 내 손에 들려 있었다. 클라이언트에게 그대로 전달했다가는 그 안에 담긴 내용도 허술해 보일 수밖에 없는 아주 위험천만한 자료였던 것이다.


## 상대방에게 남을 인상을 생각한다

선배 컨설턴트는 이렇게 말을 이었다.

"프레젠테이션 자료는 우리의 상품이네. 최후의 최후까지 마음을 놓지 말아야 해. 자료를 받아 든 클라이언트의 기대를 웃돌 수 있도록 세세한 부분까지 잘 마무리해야 해."

맥킨지의 선배가 말하고 싶었던 내용은 간단했다. 제아무리 내용이 훌륭하고 회의 결과가 좋았다고 해도 결국 클라이언트에게 남는 것은 종이 자료이다. 프레젠테이션을 시작하기 전에 간단한 내용 확인을 위해 상대방이 가장 먼저 확인하는 것 역시 눈앞의 종이 자료이다. 종이가 가지런히 정리되어 있지 않고 모서리가 들쭉날쭉하게 나와 있다면 과연 자료에 대한 첫인상은 어떨까? 굳이 확인해 보지 않아도 쉽게 예상할 수 있을 것이다.

"고작 종이 몇 장에 불과하다고 여기는 사람도 있지. 하지만 이건 우리에게 전부라 할 수 있는 소중한 자료인 거야!"

프레젠테이션 자료는 우리가 말하고자 하는 내용을 담고 있으면 되고, 적당히 보기 좋으면 된다고 여기면 곤란하다. 오랜 시간 남게 되는 상품이라 생각하고 심혈을 기울여야 한다.

# 36

## 맥킨지가 프레젠테이션 자료에
## 단색만 쓰는 이유

맥킨지에서는 프레젠테이션 자료를 만들 때 세 가지 이내의 색을 사용해야 한다는 원칙이 있다.

자료 만들기도 옷 입기와 마찬가지이다. 파란 셔츠에 녹색 바지, 빨간 구두에 보라색 가방의 조합은 패션의 완성도나 컬러의 좋고 나쁨을 따지기 전에 색이 너무 현란해 눈이 아플 지경이다.

하얀 셔츠에 회색 바지, 벨트와 같은 갈색 구두. 여기에 다소 눈길을 끄는 가방을 조합하면 화려하진 않아도 은은한 센스가 빛을 발한다. 프레젠테이션 자료도 이와 마찬가지로 눈에 띄지 않는 문장, 화려하지 않은 도표, 결론이 명확한 메시지 등 시선을 끌고 싶은 부분을 강

세계 최고의 인재들은 왜 기본에 집중할까

조하기 위해 효과적으로 배색하는 것이 핵심이다.

컨설턴트라는 직업상 수많은 기업에서 만든 다양한 프레젠테이션 자료를 봐 왔다. 시선을 사로잡는 컬러풀한 그래픽을 활용해 만든 자료는 얼핏 비교적 잘 만든 자료처럼 보인다. 그러나 설명을 들어 보면 메시지가 정리되어 있지 않은 경우가 의외로 많고 정확하게 무엇을 말하고 싶은지 이해하기 어려울 때가 있다.


## 눈에 보이는 이미지보다 내용에 신경 쓴다

맥킨지의 프레젠테이션 자료는 흑백이 기본이다. 단색만으로도 충분히 클라이언트를 설득시킬 자료를 작성할 수 있다는 자신감의 표시이기도 하다.

자료 내용에 대한 자신감이 부족할 때 컬러로 보완하려는 시도는 매우 잘못된 접근 방식이다. 그 경우는 배색의 문제가 아니라 문장의 표현, 이를 뒷받침하는 데이터, 도표의 배치가 효과적인가 등으로 판단해야 한다.

문장 속의 단어나 데이터보다는 메시지 자체에 힘이 없을 가능성도 있다. 눈에 보이는 이미지에 신경 쓰려 하지 말고 무엇보다 내용을 개선해야 한다. 우선 골격이 되는 메시지를 다시 준비하고, 이를 확실하게 뒷받침하는 데이터를 구성해 보자. 자료는 흑백으로 작성하되 마지막에 꼭 강조하고 싶은 곳에만 색을 넣는다. 이것이 이상적인 자료 만들기의 과정이다. 그리고 이렇게 작성된 자료는 클라이언트의 만족도는 물론 작성자인 당신의 신뢰도 또한 크게 향상시켜 줄 것이다.

# 37

## 3W로 자료의
## 골격을 설계한다

자료를 작성할 때에는 우선 전체의 골격이 되는 구성부터 생각한다. 그때 특별히 염두에 두어야 할 점은 3W이다. 즉 누구에게(Who), 무엇을(What), 어떤 목적으로(Why) 프레젠테이션하는가를 잘 생각해야 한다.

3W를 명확하게 정리해 두면 프레젠테이션의 흐름이 잡히고 개별 페이지를 정하는 데도 도움이 된다. 또한 프레젠테이션의 '오프닝'을 예행 연습하는 데 효과적이다. 다음으로 기승전결을 염두에 두면서 자료의 흐름을 만들어 간다.

'오프닝'이란 회의에서 자료를 열기 전에 벌어지는 모든 단계를 의미한다. 프레젠테이션이 진행될 회의를 상상해 보자. 우선 참석자들에게 인사를 하면서 회의의 시작을 알린다. 다음으로 참석자들에게 (Who), 회의의 경위와 목적(Why) 그리고 논의할 내용(What)을 간략하게 설명한다. 그러고 난 후에 준비한 자료를 열고 본격적인 진행을 시작한다.

이렇게 자연스러운 오프닝을 머릿속으로 그리는 것부터 시작해 보자.


## 인상적인 오프닝으로 시작하라

프로젝트 팀은 여러 명으로 구성된다. 팀을 이끄는 리더가 있고, 그 안에서 각자 맡은 일을 수행하는 팀원들이 있다. 각자가 맡은 역할이 다르기 때문에 보통 프레젠테이션을 진행할 때 오프닝을 시작하는 사람이 직접 자료를 만들고 프레젠테이션까지 담당하는 경우는 거의 없다.

일반적으로 프로젝트 리더가 오프닝을 진행하고, 그 아래 매니저가 중심이 되어 팀원들과 함께 만든 자료를 기반으로 프레젠테이션을 맡는다. 이처럼 오프닝 진행자와 프레젠테이션 진행자가 다를 경우에는 특히 오프닝의 역할이 중요하다. 예를 들면 다음과 같은 오프닝을 상정해 보자.

"오늘 두 번째 보고회에 참석해 주셔서 감사합니다. 첫 번째 회의에서 지적하셨던 사항에 대해 개선한 내용을 중심으로 진척 상황을 보고드리겠습니다."

이 경우는 지난 회의에 출석한 사람들을 대상으로 하기 때문에 자료에는 기본 사항을 넣을 필요가 없다. 그리고 회의 목적은 지난번에 지적 받은 우려 사항을 불식하기 위한 것인 만큼 자신감 넘치는 태도로 개선점을 전달해야 한다.

자연스럽게 자료의 첫머리에서는 지난번 지적 사항을 되돌아보고, 본론에서는 개선점을 명확하게 열거하여 지난번과 비교해 변화된 점을 분명하게 나타내는 자료로 구성해야 한다.

구체적으로 3W는 다음 포인트를 염두에 둔다.

❶ **Who(회의 참가자는 누구인가)**

회의에 참가하는 사람들의 직책, 연령대는 물론 참가자의 지식 정도, 찬성과 반대 입장을 명확하게 구분한다. 의제를 상세히 알고 있는 사람이라면 간단한 내용 소개를 생략하고 구체적인 이야기로 들어갈 필요가 있다. 그 반대라면 기초적인 정보를 알기 쉽게 제시한다.

이미 흥미를 갖고 있는 잠재 고객을 상대로 한다면 긍정적인 포인트를 강하게 어필하면서 우려할 만한 사항을 불식할 수 있는 자료를 준비한다. 반대 의견을 갖고 있는 상대에 대해서는 상대가 반대하는 근거에 대응하는 상세한 데이터를 추가한다.

**❷ Why(회의의 목적은 무엇인가)**

잠재 고객에게 판매하기 위함인지, 임원회의 승인을 받기 위함인지, 아니면 투자자들에게 실적을 설명하기 위함인지 목적을 명확하게 구분한다. 판매가 목적이라면 강점을 어필할 필요가 있다. 승인을 받기 위해서라면 잠재적인 우려 사항에 대해 언급해야 한다. 실적 설명과 같은 성적 보고라면 사실을 데이터로 전달할 필요가 있다.

**❸ What(무엇을 말하고자 하는가)**

Who와 Why로부터 좁혀진 포인트를 구체적인 메시지로 정리한다. 반대 의견을 가진 사람이 있으면 첫머리에서 결론을 말하는 형식은 오히려 상대의 반론에 불을 붙일 가능성이 있다. 따라서 초반에는 논리적인 설명을 하다 마지막에 결론을 전달하는 방법이 효과적이다.

오프닝에서 자연스럽게 자료로 넘어가고 회의 참가자가 위화감을 느끼지 않고 마지막까지 주의 깊게 몰두할 수 있는 기승전결이 이상적인 골격이다. 3W를 염두에 두고 탄탄한 흐름을 만들어 보자.

세계 최고의 인재들은 왜 기본에 집중할까

# 38

## 완벽한 자료를 만드는
## 최적의 도구, 맥킨지 노트

프레젠테이션 자료를 작성할 때 효과적인 방법은 우선 손으로 써보는 것이다. 얼핏 생각하면 쓸데없이 시간을 보내는 것 같겠지만, 실은 이 방법이 결과적으로 좋은 자료를 만들어 줄 뿐만 아니라 시간도 단축시켜 준다.

이면지 4~5장과 연필, 지우개를 준비하자. 이때 컴퓨터를 켜서 파워포인트를 열 필요는 없다. 오히려 컴퓨터에서 일단은 떨어지는 게 효과적이다.

요즘은 프레젠테이션 자료를 파워포인트로 작성하는 일이 당연시된다. 파워포인트를 사용하면 그래픽 효과를 통해 시각적으로 화려하고 눈에 잘 띄는 자료가 만들어진다. 하지만 이렇게 완성된 자료에 일관성이 부족하다, 메시지가 약하다, 이해하기 어렵다 등의 평가가 나오는 이유는 자료를 만드는 표현 도구에 불과한 파워포인트에 지나치게 의존하기 때문이다. 머릿속으로 그린 불확실하고 애매한 이미지를 제대로 정리하지 않은 채 날것 그대로 파워포인트로 옮기면 이와 같은 결과로 이어지는 것이다.

우선은 종이와 연필을 준비해서 전달하고 싶은 메시지를 명확하게 정리하는 단계가 필요하다. 자료에서 활용하는 차트나 그래프 같은 이미지는 어디까지나 메시지에 힘을 싣기 위한 부가적인 데이터일 뿐이다.

단순히 시각적으로 화려한 이미지 자료가 아니라 메시지의 근거가 확실히 보이도록 뒷받침해 줄 수 있는 도표를 넣어야 한다. 이때 어떤 도표를 넣어야 읽는 이에게 메시지가 정확하게 전달될 수 있는지 판단한다.

자료 작성은 어디까지나 메시지 중심으로 이루어져야 하며 이미지 자료는 부차적인 문제일 뿐이라는 점을 잊지 말자.

## 자료를 만들 때는 초안 작성에 공을 들인다

맥킨지의 컨설턴트는 반드시 수기로 자료를 작성한다. 그리고 이

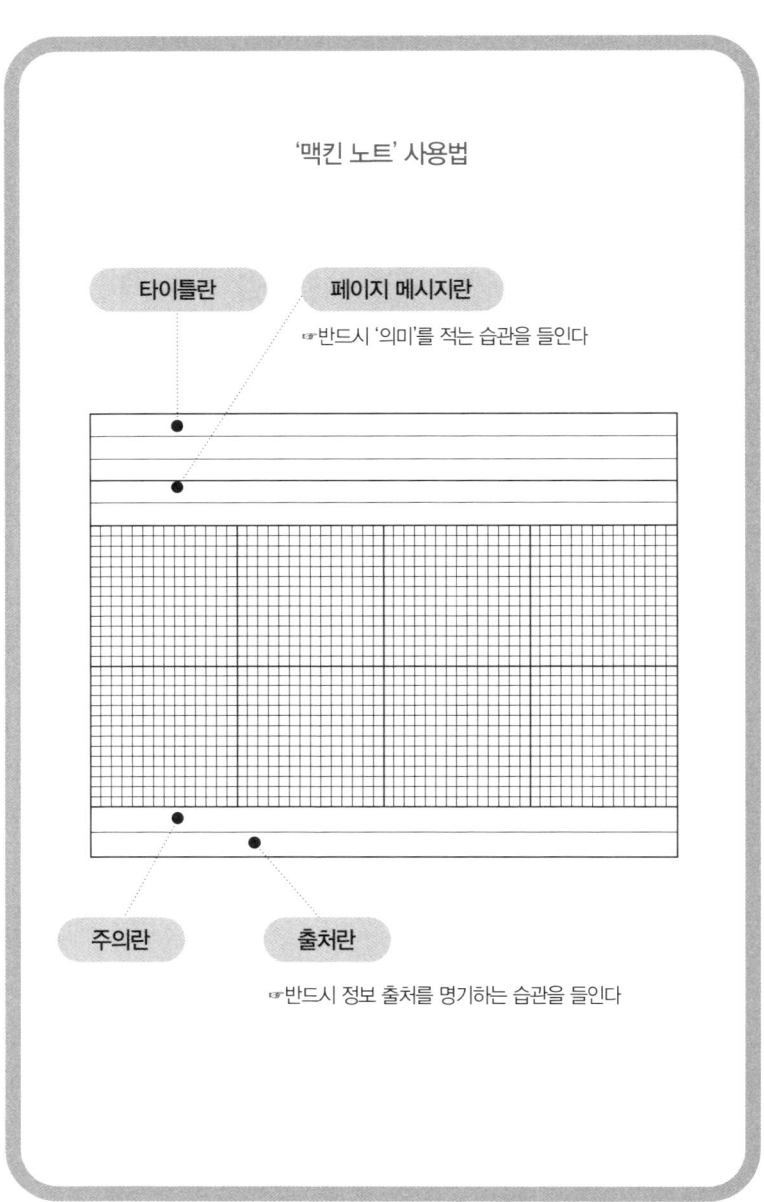

'맥킨 노트' 사용법

타이틀란   페이지 메시지란

☞반드시 '의미'를 적는 습관을 들인다

주의란   출처란

☞반드시 정보 출처를 명기하는 습관을 들인다

를 위해 사내에는 맥킨지 노트, 일명 '맥킨 노트'라고 불리는 특별 제작 노트가 있다.

컨설턴트의 책상에는 늘 한 권의 맥킨 노트가 준비되어 있고, 다 쓰던 새 노트로 바꿔 쓴다. 맥킨 노트에는 모눈 칸이 그려져 있어서 도표의 세로축과 가로축을 정확하게 표기할 수 있도록 되어 있다.

맥킨지의 컨설턴트는 맥킨 노트를 쓸 때 반드시 연필을 사용한다. 손쉽게 수정하면서 새로운 아이디어를 반영할 수 있기 때문이다. 또한 도표의 형태에 따라 전달하는 메시지를 읽고 이해하는 방법이 크게 달라지기 때문에 연필을 이용해 손쉽게 도표를 그리면서 어떤 형태의 도표가 효과적인지를 고민해 볼 수 있다. 따라서 도표의 초안을 그릴 때는 반드시 맥킨 노트를 사용하고, 몇 번이고 수정해서 메시지에 가장 적합한 도표를 완성한다.

컨설턴트는 연필로 초안을 완성하고 나서야 비로소 컴퓨터를 켠다. 컨설턴트에게 파워포인트는 거의 전문 영역이나 다름없다. 자료를 만들 때 늘 반복적으로 이용해 왔기 때문이다. 하지만 사용법을 거의 통달한 맥킨지의 컨설턴트들이 수작업으로 진행되는 초안 작성에 대부분의 시간을 투자하는 이유는 다음과 같은 세 가지 장점이 있기 때문이다.

### ❶ 생각하는 과정에 집중할 수 있다

디지털 도구에 익숙한 사람들은 컴퓨터나 태블릿 PC를 눈앞에

커놓고 있어도 '생각'에 집중할 수 있다고 자신한다. 물론 개중에는 그런 사람이 있을지도 모르겠지만 대부분의 사람들에게는 기계로부터 떨어져서 종이와 연필을 사용하는 편이 뇌를 효율적으로 움직이는 데 도움이 된다.

❷ 수정이 빨라진다

수정 사항이 발생했을 때 연필로 그린 차트라면 바로 지우개로 지우고 다시 그릴 수 있지만 같은 차트를 파워포인트로 다시 그리려면 손으로 그릴 때보다 시간이 몇 배 더 걸린다. 만약 차트가 불충분하게 만들어졌다면 차트를 다시 그리느라 쓸데없이 시간을 허비하게 된다. 때로는 다시 그리는 일이 귀찮아서 70퍼센트의 완성도로 마무리하려는 유혹도 생길 것이다.

❸ 본질에 초점을 맞춘다

때로는 내용이 불충분해도 시각적인 요소를 활용하면 그 단점이 가려질 때가 있다. 하지만 이는 본질에 충실하지 못한 결과를 낳는다. 손으로 차트의 초안을 그리게 되면 무엇보다 메시지에 충실하게 된다. 색이나 디자인 요소가 전혀 없기 때문에 가장 중심이 되는 메시지만이 눈에 들어온다.

손으로 초안을 작성하는 일을 습관화해 보자. 이러한 작업을 쓸데

없는 시간 낭비라고 하는 사람도 있지만 결과적으로 좀 더 빨리 그리고 좀 더 완성도 높은 자료를 완성할 수 있다. 무엇보다 스토리가 명확해지고, 근거도 강화된다. 자료의 완성도가 높으면 프레젠테이션을 진행할 때 자신감을 얻는다. 직접 손으로 작성한 자료를 기반으로 준비한다면 완벽하고 설득력 있는 프레젠테이션을 만들 수 있다.

# 39

전 세계가 인정한 맥킨지의
자료 만들기 비법

맥킨지의 자료는 '하나의 차트, 하나의 메시지'라는 원칙을 철저하
게 지킨다.

각 페이지에는 엄선된 메시지가 있고, 이를 뒷받침하는 차트가 하
나씩 들어간다. 한 페이지에 두 개 이상의 차트가 혼재하고 메시지가
분산되어 있으면 읽는 이에게 정확한 요점을 전달하기가 어려워지기
때문이다. 한 페이지에 하나의 차트, 하나의 메시지라는 원칙을 철저
하게 지켜 보자.

그러나 자료는 목적에 따라 다양해질 수도 있는 만큼 이 원칙에 절
대적으로 구애받을 필요는 없다. 프레젠테이션 자료는 명확한 메시지

를 결론으로 전달해야 한다는 가장 기본적인 원칙을 되새기면서 응용하도록 한다.

맥킨지에 입사하고 처음 자료를 접했을 때 자료의 심플함에 정말 놀랐다. 배색은 흑백이 기본이고, 문장에 굵은 글자를 사용하는 빈도도 낮다. 강조하고 싶은 부분이 있을 때는 밑줄을 긋는 정도이다.

각 페이지의 상단에는 반드시 1~2행의 메시지가 기재된다. 그 아래에 타이틀이 들어가고 다시 그 아래에 차트 하나가 들어간다.

차트 자체도 눈에 잘 띄는 막대그래프나 원그래프와 같이 심플한 모양이 압도적으로 많다. 메시지와 차트의 관련성은 매우 직접적이기 때문에 애매한 해석의 여지를 남기지 않는다.


## 가치 제공의 원천은 무엇인가

골드만 삭스에서 일하는 동안 투자은행 특유의 화려한 자료에 익숙해졌다가 맥킨지로 회사를 옮기고 처음에는 자료의 차이에 굉장히 놀랐다. 투자은행 업계에서는 화려하게 장식된 자료가 너무나 당연하다. 사용하는 종이의 재질도 고급스럽고, 손에 드는 순간 무게에 압도당할 만큼 두꺼운 자료가 많다.

이 두 업계가 만드는 자료의 차이는 가치를 제공하는 정보의 원천이 다르기 때문에 발생한다.

투자은행 업계에서는 글로벌 네트워크를 기반으로 하는 업계의 최신 정보, 다양한 경험을 바탕으로 하는 날카로운 식견, 금융 분야에 대한 풍부한 전문 지식 등이 가치의 원천이다. 경험을 통해 응축된 지식이나 단기간의 정보 수집과 리서치를 완성하는 순발력 및 집중력을 담아낸 자료가 요구되는 것이다.

한편 전략 컨설팅 업계에서는 과거의 경험에 기대지 않고 백지 상태에서 이끌어 낸 새로운 결론, 데이터 분석을 통한 탄탄한 뒷받침, 결론을 이끌어 내는 논리 구성 등이 가치의 원천이다. 화려함보다는 메시지와 논리의 명확함에 초점을 맞춘 자료가 요구된다.

결론적으로 자료의 목적에 따라 하나의 차트, 하나의 메시지 원칙을 어디까지 관철시키느냐가 정해진다. 회사의 실적을 어필하여 잠재 고객에게 안심감을 주기 위해서는 이를 증명할 두툼하고 화려한 자료가 바람직할 것이다. 이런 경우엔 다양한 도표로 빼곡히 들어찬 자료가 효과적이다.

반대로 명확한 근거를 바탕으로 상대를 설득하려는 목적이라면 하나의 차트, 하나의 메시지 원칙을 철저하게 지켜야 한다.


하나의 차트, 하나의 메시지를 활용하는 요령

하나의 차트에 하나의 메시지를 담으면서 데이터를 만든다는 발상이 가장 중요한 핵심이다. 이미 나와 있는 데이터를 어떻게 가공해서 메시지를 이끌어내느냐가 아니라 메시지를 가장 먼저 완성하고, 그다음에 메시지를 위한 데이터를 준비해야 한다.

우선 메시지를 명확하게 정하고, 그 메시지를 납득할 수 있도록 만들기 위해서 필요한 데이터를 찾는 발상의 전환이 필요하다. 그때부터 자료실에서 찾든, 구글에서 검색하든 온갖 방법을 동원해 정보를 찾아낸다. 그리고 찾아낸 정보를 바탕으로 차트를 작성한다.

만약 데이터가 존재하지 않으면 새롭게 인터뷰를 하거나 데이터와 데이터를 조합해 새로운 데이터를 도출해서 메시지를 뒷받침하는 차트를 완성해야 한다.

자료 만들기는 우선 목적을 명확하게 해야 한다. '하나의 차트에 하나의 메시지'라는 기본 원칙을 바탕으로 명확한 효과를 거두게 될 자료를 만들어 보자.

# 40

## 세부적인 사항을
## 철저하게 지킨다

명쾌한 메시지, 적확한 차트의 삽입, 효과적인 배색 사용, 흐름이
좋은 스토리 구성 등 어느 하나 빠지지 않는 완벽한 자료가 만들어졌
다. 자신만만한 기분으로 완성된 자료를 프린트하고 서둘러 일을 마
무리 짓고 싶겠지만 여기서 마지막으로 한 번 더 검토해야 한다.

내가 골드만 삭스에서 신입 시절을 보내며 귀에 딱지가 앉을 정도
로 자주 들었던 말이 있다.

'attention to detail.' 즉 세부적인 사항에 주의를 기울이라는 뜻이
다. 비즈니스 세계에서는 이 디테일이 무엇보다 중요하다.

이와 관련해서 지금도 또렷하게 기억하는 신입 시절의 에피소드가

있다. 클라이언트가 참석하는 회의에서 사용할 프레젠테이션 자료를 작성해서 상사에게 검토를 받았을 때다. 몇 날 며칠 밤을 지새우며 최선을 다해 만든 자료였던 만큼 자료에 대한 자부심이 무척 컸다.

하지만 상사가 검토를 마치고 돌려보낸 자료에는 빨간 펜으로 표시된 수정 지시가 수없이 많았다. 받아쓰기 시험에서 빵점을 받은 기분이었다. 새빨개진 자료를 보니 스스로 완벽한 자료라고 자부했던 내 얼굴이 더욱 빨개지는 듯했다. 전체적인 구성, 문장, 도표의 사용법 등 세세한 부분까지 모두 수정 표시가 되어 있었다.

나를 더욱 화나게 만든 건 상사의 지적이 모두 정곡을 찌르는 것들이라는 사실이었다. 100퍼센트 완벽한 자료를 준비했다고 생각했는데 상사의 기준에서는 70점짜리 자료밖에 안 되었던 것이다.

나는 자료를 다시 작성해서 이번에야말로 100퍼센트라고 자신하고 상사에게 최종 확인을 받으러 갔다. 5분 후에 돌아온 종이에는 또 다시 수정 표시가 있었다. 그중에는 문장에 사용한 조사와 글자 크기에 대한 지적도 있었다. 그리고 한쪽 여백에 빨간 펜으로 'attention to detail'이라는 메시지가 적혀 있었다.

나는 두 번째 검토를 받고 나서 상사와 나 사이에 존재하는 큰 능력의 차이를 실감할 수 있었다. 업계에 대한 지식과 경험, 문제 해결 능력, 클라이언트와의 커뮤니케이션 능력 등등. 그러나 내가 가장 놀란 점은 자료의 세부적인 부분까지 신경 쓰는 주의력이었다. 사실 세부 사항을 철저히 점검하는 데 전문 분야의 경험 따위는 필요 없다. 얼마

세계 최고의 인재들은 왜 기본에 집중할까

나 집중할 수 있느냐의 차이일 뿐이다.

　디테일이 부실한 자료를 받으면 내용을 확인하기도 전에 이미 자료에 대한 기대치가 낮아진다. 또한 내용의 좋고 나쁨을 떠나 작성자에 대한 신뢰감도 바닥으로 떨어진다. 사소한 오류는 작성자의 허술함과 부족한 집중도를 그대로 보여 준다.

　디테일을 보완할 수 있는 방법을 소개하겠다.

❶ **통일성에 주력한다**

　단어의 표현, 글자 크기, 폰트, 배색 등 따지고 들면 끝이 없다. 무엇보다 가장 주의를 기울여야 하는 부분은 통일성이다. 타이틀을 고딕체로 했으면 전부 고딕체로 통일한다. 메시지에 구두점을 찍었으면 모든 메시지마다 빠짐없이 구두점을 찍는다. 룰을 명확하게 정하고 모든 내용에 이를 반영해야 한다.

❷ **내용을 보지 않고 기계적으로 재검토한다**

　내용을 확인하지 말고 조사, 글자 크기 등의 오류를 기계적으로 확인한다는 생각으로 다시 읽어 본다. 마지막 점검 작업에서는 내용을 의식하지 않고 세부적인 오류를 체크하는 데만 집중하는 것이다.

　간단해 보이지만 이 두 가지 사항을 철저하게 지키기란 매우 어렵다. 마지막 5분에 모든 집중력을 쏟아 붓자. 그동안 자료를 만들기 위해 투자했던 노력 이상으로 마지막 5분 동안 점검해야 한다.

오류가 없는 자료는 일의 기본이다. 특히 클라이언트에게 제공하는 자료에는 절대 오류가 존재해서는 안 된다. 몇 번이고 검토하면서 사소한 부분도 놓치지 않고 챙길 수 있어야 한다. 당신이 얼마나 디테일한 부분을 놓치지 않고 완벽을 기하느냐가 당신의 업무 실력을 말해 줄 것이다.

세계 최고의 인재들은 왜 기본에 집중할까

# 41

## 회의 때 발언하지 않는 것은
## 결석과 같다

회의에 참석했다면 반드시 발언해야 한다. 회의에 참석한 사람에게는 발언할 권리가 아니라 발언할 의무가 있다.

당신이 회의에 참석한 멤버라면 어떤 식으로든 회의에 기여해야 한다. 바쁜 시간을 할애해 회의를 진행하는 이유는 그 회의를 통해 새로운 아이디어를 발굴하고, 해결책을 찾기 위함이다. 모두가 아무런 의견을 내지 않는다면 문제 해결의 실마리는 절대 등장하지 않는다. 서로의 바쁜 시간만 잡아먹을 뿐이다.

회의를 위해 복사물을 나눠 주거나, 회의 내용을 정리하거나, 참여한 사람들을 위해 차를 준비하는 등의 특별한 기여를 제외한다면 회의에서 기여할 수 있는 방법은 오직 발언뿐이다. 그런 의미에서 보던 발언하지 않는 참석자는 존재 의의가 없다고 해도 과언이 아닐 것이다.

맥킨지에서는 대학을 갓 졸업하고 입사한 신입사원에게도 회의에서 적극적으로 발언할 것을 강하게 요구한다. 프로젝트를 진행하는 내내 항상 주문처럼 "밸류(가치)를 내라."라는 말을 듣는다. 회의에서의 가치란 바로 '발언'이다. 덧붙여서 말하면 과제를 해결하기 위한 건설적인 발언이 가치이다. 단순히 뭔가를 말하기만 하면 되는 것은 아니다.

맥킨지의 신입은 매일 혹독한 교육을 받는다. 교육이라고 해서 친절한 가르침을 기대해서는 안 된다. 교사가 있는 것도, 교재가 있는 것도 아니다. 맥킨지에서 교육이란 매일매일 반복되는 팀 미팅에서 자신만의 의견을 내도록 강요받는 일이다. 입사 후 1년이 지나면 직접 화이트보드 앞에 서서 회의를 진행해야 하는 경우도 있다. 그 결과 매일 가해지는 극심한 중압감 속에서 사원들의 발언 능력은 날로 높아진다.

한번은 나도 클라이언트와의 미팅에서 제대로 이야기를 풀어 가지 못해 진땀을 흘린 적이 있었다. 금융기관의 조직 변화에 대해 클라이언트와 협의하는 자리였다. 나는 많은 준비를 해갔음에도 제대로 대응하지 못하고 클라이언트로부터 쉴 새 없는 질문 세례를 받았다.

그때 옆에 앉아 있던 젊은 컨설턴트의 발언으로 어려움을 극복할

세계 최고의 인재들은 왜 기본에 집중할까

수 있었다. 대학을 졸업하고 맥킨지에 입사한 지 오래되지 않은 사람이 긴장감이 가득한 회의에서 자기 의견을 말하기란 쉽지 않다. 하지만 그는 클라이언트와 나의 대화를 주의 깊게 들으면서 질문을 정리한 후 자신만의 의견을 낸 것이다.

나는 프로젝트를 이끄는 책임 컨설턴트로서 이야기의 논점을 정리해야 하는 상황이었음에도 역할을 제대로 수행하지 못했다. 팀 멤버가 적절하게 의견을 개진한 덕분에 다행히 회의를 수월하게 마무리 지을 수 있었다. 입사 3년 차인 그는 회의에서 자신만의 존재 의의를 나타냈을 뿐만 아니라 프로젝트에 새로운 가치를 부여한 것이다.

신입사원이 중요한 회의 때 발언하기란 쉽지 않은 일이다. 하지만 무슨 일이든 처음이 어려울 뿐이다. 회의에서 존재감을 나타내기 위한 두 가지 방법을 소개하겠다.

**❶ 회의 준비를 확실하게 한다**

회의 주제, 참가자, 목적을 사전에 확인하고 꼼꼼히 준비한다. 만약 익숙지 않은 주제라면 반드시 치밀하게 예습해야 한다. 자기 나름의 결론과 근거를 준비해 둔다. 물론 이렇게 준비한다고 해서 회의가 예습한 대로 진행되는 건 아니겠지만 사전 준비는 좋은 공부가 된다.

**❷ 자기 나름대로 공헌할 수 있는 분야를 생각한다**

회의에서 자신이 어떤 공헌을 할 수 있는지 생각한다. 익숙지 않은 분야라면 제삼자의 시선으로 참신한 의견을 던질 수 있다. 비즈니스 경험이 짧다면 소비자의 시점으로 다가갈 수 있다. 젊은 사원이라면 상사들보다 IT 분야에 더욱 강할 것이다. 때로는 개인의 취미나 호기심으로 낯선 분야에 대한 풍부한 지식을 갖고 있기도 하다. 이렇게 자기 나름대로 공헌할 수 있는 분야를 찾아서 접근해야 한다.

회의에서 정곡을 찌르는 발언을 못 했다고 해서 고민할 필요는 없다. 리스크가 두려워서 발언을 포기했을 때보단 분명 얻는 게 더 많기 때문이다. 그리고 자신의 역할이 불충분하다고 느꼈다면 앞으로 더 중요한 존재가 되기 위해 노력하면 된다.

# 42

## 화이트보드를
## 활용하라

회의에서 존재감을 드러내기 위해서는 화이트보드 앞에서 회의 진행을 맡는 방법이 가장 효과적이다. 화이트보드는 참가자들을 집중시킬 수 있는 도구로 회의를 진행하는 데 매우 도움이 된다.

쓰고 바로 지울 수 있다는 점에서 누구나 아이디어와 의견을 쉽게 낼 수 있는 환경을 만들어 주며 시각적으로 정리할 수 있어서 논의 사항을 놓치지 않고 진척시키는 데 도움이 된다.

맥킨지에서 일하면서 경험한 내용 가운데 업무상 가장 도움이 된 스킬은 바로 화이트보드를 활용하는 방법이었다. 맥킨지의 컨설턴트는 누구나 능숙하게 화이트보드를 다루면서 회의를 진행한다.

회의에서 나온 이야기를 화이트보드에 정리하면 그걸로 끝인 듯싶지만, 사실 화이트보드를 자유자재로 다루기 위해서는 일정한 스킬이 필요하다. 그중에서도 가장 중요한 포인트는 참가자들의 의견을 논리적으로 정리하는 일이다. 그러기 위해서는 논의의 본질을 빠르게 파악하는 능력과 이를 시각적으로 표현하는 능력이 필요하다.

그렇다면 어떻게 하면 화이트보드 앞에서 회의를 진행하는 능력을 키울 수 있을까? 평소에 노트를 쓰면서 꾸준히 연구하면 효과적이다. 회의에 참석해서 자기 나름대로 논의 포인트를 파악하고, 이를 노트에 어떻게 정리할지 훈련한다.

실제로 맥킨지의 컨설턴트들은 노트 정리에도 매우 능숙하다. 맥킨지에 입사한 지 얼마 지나지 않아서 선배 컨설턴트의 메모를 보고 매우 깜짝 놀랐던 경험이 있다.

당시 사업 전략에 관한 컨설팅 프로젝트를 진행하면서 팀원들이 열띤 토론을 벌이고 있었다. 수많은 의견과 반박이 오고 가며 미팅 룸은 더욱 열기를 띠었다.

맥킨지에 입사하고 맡은 첫 프로젝트라서 나의 책임감은 더욱 컸다. 하지만 골드만 삭스와 전혀 다른 업무 방식으로 일하는 곳에서 처음부터 다시 배우면서 시작하기란 쉽지 않은 일이었다. 무엇보다 나역시 화이트보드를 사용하는 방법이 서툴렀다. 많은 의견이 오갔지만무엇 하나 제대로 정리하지 못했다. 그때 무심코 옆에 앉아 있던 선배컨설턴트의 노트를 본 나는 엄청난 충격을 받았다.

노트에 메모된 내용을 그대로 프레젠테이션 자료로 옮겨 놓아도 될 정도로 완벽한 도표까지 구사하면서 회의 내용을 메모하고 있었기 때문이다.

그 선배 컨설턴트는 당연히 회의에서 화이트보드도 매우 능숙하게 활용했다. 회의의 본질을 단번에 파악하고, 다른 사람들의 의견 또한 상세히 받아들인 후, 이 모든 것들을 논리적으로 정리해 냈다. 또한 참가자들이 자연스럽게 의견이나 아이디어를 낼 수 있는 환경을 만드는 등 회의에서 훌륭하게 책임자 역할을 수행했다.

회의를 정리하기 위해서 어떤 스킬이 필요할까? 크게 세 가지 포인트로 정리할 수 있다.

**❶ 입은 닫고 귀를 연다**

진행자는 자신의 의견을 강력하게 주장하는 역할이 아니다. 회의에 참가한 사람들의 의견을 다양하게 이끌어 내고 이를 취합해 나가는 역할인 만큼 사람들의 의견을 세세히 듣는 자세로 회의에 임해야 한다.

**❷ 적절한 질문을 던져 의견을 이끌어 낸다**

진행자는 논의를 더욱 심화하기 위해 다양한 의견을 이끌어 내는 질문을 던질 수 있어야 한다. 이때 자신의 의견은 어디까지나 다른 사람의 의견을 이끌어 내는 재료로 사용해야 한다. 사람들의 호응을 쉽게 이끌어 낼 수 있도록 질문형을 활용하면 효과적이다.

### ❸ 본질을 파악해 시각적으로 정리한다

회의를 진행하다 보면 참가자들의 다양한 의견이 오간다. 이럴 땐 의견의 본질을 파악하여 시각적으로 정리할 수 있어야 한다. 그러지 않으면 중요한 의견이 무엇인지 제대로 파악하지 못하고 그저 흘려버릴 수도 있다. 평소 의식적으로 메모하는 습관으로 이러한 능력을 강화한다.

선배 컨설턴트의 노트에서 평소에 논의 본질을 파악하고 이를 시각적으로 메모하는 훈련을 꾸준히 한 노력을 엿볼 수 있었다. 그 훈련이 바로 화이트보드를 효율적으로 사용하는 능력과 회의 진행을 맡아 능수능란하게 토론을 이끄는 퍼실리테이터(facilitator)로서의 능력으로 이어지는 것이다.

화이트보드를 점령하고 진행자 역할에 자신감을 가지면 팀에 공헌할 수 있는 방법이 무궁무진해진다. 앞으로 회의 때는 늘 화이트보드 앞에 앉도록 하자. 그리고 기회가 있다면 회의를 진행하는 역할을 자진해서 맡아 보자. 어느새 회의에서 주도적인 의견을 내고 있는 자신을 발견할 수 있을 것이다.

☐

프레젠테이션 자료를 만들 때 시각적 자료가 없어도 전달하려는 메시지에 설득력이 있는지 철저하게 고민한다.

☐

자료는 오프닝을 의식하면서 작성한다.

☐

'하나의 차트, 하나의 메시지'라는 기본 원칙에 따라 자료를 만든다.

☐

자료 작성을 마무리했다면 반드시 디테일을 점검한다.

☐

회의에서는 서툰 의견이라도 반드시 발언해야 한다.

☐

평소 노트를 정리하는 습관을 들이면 논점을 파악하고 이를 시각적으로 표현하는 능력이 올라간다.

# 외국인과 회의할 때
# 존재감을 나타내는 방법

외국인과 회의할 때는 언제나 영어가 가장 큰 장벽으로 느껴진다. 아무리 영어를 잘한다고 해도 모국어처럼 구사하기란 쉽지 않은 일이다. 논리적으로 사고해서 좋은 의견을 내기도 쉽지 않은 회의 안에서는 더욱 그렇다. 영어가 모국어가 아닌 사람이 영어로 진행되는 회의에서 존재감을 나타내려면 어떻게 해야 좋을까? 바로 회의 안에서 전략적으로 역할을 찾는 방법이 가장 중요하다.

회의에서 역할은 크게 세 가지로 나뉜다.

1. 의논을 주도하는 역할(시안이 되는 의견을 주도적으로 내는 역할)
2. 장단을 맞추는 역할(의견에 반론을 제기하거나 동의하는 타 의견을 되풀이해서 내놓는 역할)
3. 의견을 정리하는 역할(모두의 의견을 정리하고 집약된 결론을 이끌어 가는 역할)

그리고 발언 내용도 세 가지로 분류할 수 있다.

A. 지식집약형 발언(어떤 지식에 근거한 발언)
B. 아이디어 집약형 의견(새로운 아이디어를 제공하는 발언)
C. 논리 정리형 의견(다양한 의견에서 나온 논리를 정연하게 정리하는 발언)

역할과 발언 내용을 엮으면 회의에서의 공헌 방법에 패턴이 생긴다. 예를 들면 다음과 같은 조합을 생각해 볼 수 있다.

• 풍부한 지식과 경험을 바탕으로 의견을 내고 논의를 리드하는 사람(1×A)
• 타인의 의견에 자신만의 새로운 발상을 더해 내용을 심화해 가는 사람(2×B)
• 모든 발언의 인과관계나 전체에 귀를 기울이고 의견을 집약해 가는 사람(3×C)

외국인과 영어로 소통하는 회의는 같은 모국어를 사용하는 사람들끼리 진행하는 회의와는 양상이 다르다. 평소 모국어로 소통하는 회의에서는 의논을 주도하는 역할(1)을 맡아 지식집약형 의견(A)으로 회의를 리드하는 사람도 영어를 사용하는 회의에서는 어휘력과 표현력이 부족해 제대로 발언하지 못하는 경우가 발생한다. 혹은 의견을 전달하려고 해도 정확하게 표현하지 못하는 경우도 있다. 상대가 말수가 많은 외국인이라면 끊임없이 쏟아지는 상대의 말에 휩쓸려 더욱 논의가 정리되지 않을 때도 있다.

이렇듯 외국인과 회의할 때는 모드를 전환해야 한다. 자신이 회의를 주도하는 입장이라면 평소보다 더 많은 노력을 쏟아야 한다. 꼼꼼하게 준비하고 영어로 주도적인 발언을 시도한다. 하지만 외국인과 영어로 진행하는 회의에서는 무엇보다 자신의 현실적인 한계를 받아들여야 한다.

일본과 한국의 비즈니스맨 대다수는 자신의 발언에 100퍼센트 확신이 있기 전까지 섣불리 의견을 드러내지 않는다. 자신의 지식이나 경험을 과도하게 드러내는 일에도 저항감을 느낀다. 또한 상대의 의견을 정면에서 반대하며 자신의 주장을 관철하는 대립도 좋아하지 않고, 의견 충돌을 회피하려는 경향이 강하다.

따라서 이러한 성향 때문에 외국인과 함께하는 회의에서 내용을 주의 깊게 듣는 역할을 수행하는 경우가 많다. 그렇다면 어떤 방법으로 회의 안에서 자신의 존재가치를 나타내면 좋을까?

의식적으로 논리 구성이나 인과관계를 주시하면서 의견을 정리해나가는 역할(3×C)로서 회의에 공헌하는 방법이 가장 적합하다.

세계 최고의 인재들은 왜 기본에 집중할까

## What if를 활용한다

회의에서 의견을 정리하는 역할(3×C)을 맡았다면 반드시 잊지 말아야 할 질문이 있다. 바로 'What if'이다. 이 간단한 질문 하나로 엄청난 효과를 얻을 수 있다. 주로 회의에서 전제조건이 바뀌었을 때 결론이 어떻게 달라질 수 있느냐를 확인해 보는 질문으로 활용된다. 예를 들면 다음과 같은 활용이 가능하다.

"What would the conclusion be if A happens?"

(만약 A가 일어나면 결론이 어떻게 바뀔까?)


"What would you respond to the issues if your assumption changes?"

(만약 전제조건이 바뀐다면 과제에 대해 어떻게 대응하겠는가?)


이 질문을 효과적으로 던지면 새로운 의견이나 시점을 만들어 내는 강력한 원동력이 생성된다. 회의 중 논의가 과열되면 과열될수록 전제조건이 모호해지고 다른 방향으로 논의가 전개되기도 한다. 때로는 참가자들 사이에 전제조건의 공유가 부족해져 논점에서 멀어지는 경우도 발생한다.

마지막으로 결론에 이르기 직전의 단계에서 'What if' 질문을 다시

한 번 던져서 그 회의에서 내리고자 하는 결론이 타당한지 재검토해
볼 수 있다.

'What if' 질문을 던지기 위해서는 영어로 진행되는 회의의 기본이
되는 전제조건과 목적에 파고들어야 한다. 회의에서 오가는 내용을
제대로 파악하지 못해도 이 두 가지를 확실히 이해하고 있다면 언제
든지 대응할 수 있다. 왜냐하면 전제조건과 목적으로 회의의 전체적
인 그림으로 이해하면 각각의 발언 내용, 인과관계를 대략적으로 파
악할 수 있기 때문이다. 이로써 지식이나 어휘 부족에서 생기는 핸디
캡은 상대적으로 작아진다.


## 긴 코멘트는 필요 없다

하버드 비즈니스 스쿨에서는 현존하는 기업이나 개인 사례를 케이
스 스터디 교재로 활용하여 토론 형식으로 수업을 진행한다. 강의실
은 전 세계에서 모인 다양한 국적의 학생들로 채워진다. 이처럼 외국
인이 많이 모이는 곳에서는 말수가 적은 국민성과 그렇지 않은 국민
성이 확연하게 드러난다.

클래스메이트 가운데 말수가 많았던 사람은 인도인, 이집트인, 미국
인, 중국인을 꼽을 수 있고 반대로 말수가 적었던 사람은 스위스인, 한
국인, 일본인, 칠레인, 불가리아인이었다. 물론 언어 능력도 영향을 끼

첬겠지만, 어느 정도 평균적인 국민성이 반영된 결과라고 볼 수 있다.

하버드 비즈니스 스쿨에서는 매번 토론이 과열된다. 그때마다 교수와 학생들이 높이 평가하는 발언은 이러한 과열된 토론에 새로운 시점을 던지는 한마디다. 결코 길 필요도 없고 완벽한 영어로 유창하게 말할 필요도 없다. 거기서 가장 도움이 되는 한마디가 바로 'What if'이다. 논의 내용의 인과관계에 주목하고 전제조건에 근본적인 의문을 던지는 'What if'는 참가자들의 맹점을 정확히 집어낸다.

하나의 결론으로 이야기가 마무리될 때쯤에는 억지로라도 전제조건으로 다시 돌아가 결론이나 논리 구성이 어그러짐이 없는지 검토함으로써 회의의 완성도를 높일 수 있다.

**The 48 Principles of Success**
**by The World's Leading Entrepreneurs**

# 6

C  H  A  P  T  E  R

McKinsey & Company

# 글로벌 커리어에
# 도전하라

Harvard Business School

McKinsey & Company

# 43

## 애국심을 긍정적으로
## 활용하는 방법

'애국심'이라는 말에 눈살을 찌푸리는 사람이 있을지도 모르겠다. 글로벌을 외치는 21세기에 애국심은 다소 시대에 뒤처진 단어처럼 느껴지기도 한다. 그러나 나는 건전한 애국심은 필요하다고 생각한다. 건전한 애국심이 때로는 자신에게 큰 힘과 자신감을 불어넣어 주기 때문이다. 이를 적극적으로 이용하여 자신의 원동력으로 활용할 줄 알아야 한다. 내가 체험한 에피소드 한 가지를 소개해 보겠다.

하버드 비즈니스 스쿨에서 유학하던 시절에 같은 학년 900명 전원이 대강당에 모였던 적이 있었다. 가장 앞줄에는 하버드에 소속된 유명 경제학자와 경영학자, 정치학자, 일본 연구 분야에서 전 세계적으로 인정받는 교수와 전문가들이 자리하고 있었다.

단상에 선 사람은 당시 하버드 대학교의 학장이었던 로렌스 서머스 교수로, 그는 클린턴 정권 시절에 재무장관을 역임하고 최근 오바마 정권에서는 국가경제위원회 의장을 지낸 저명한 경제학자였다. 또한 사상 최연소로 20대에 하버드 대학교 정교수로 승진한 대단한 경력의 소유자이기도 했다. 한마디로 세계 최고의 인재 중 한 명이자, 하버드 커뮤니티의 수장이라 할 수 있는 존재이다.


## 줄기차게 이어진 일본에 대한 쓴소리

서머스 교수는 약 한 시간에 걸쳐 일본의 경제 시스템이 근본적으로 얼마나 많은 문제를 안고 있는지를 맹렬하게 비판했다. 일본이 세계를 석권하겠다고 큰소리치던 거품 경제 시기에 일본형 시스템에 대해 자신이 주장한 바가 얼마나 정확했는지에 대해 자신만만하게 이야기했다. 정말이지 모든 시간을 일본에 대한 쓴소리에 할애했다.

그렇게 길게만 느껴졌던 프레젠테이션이 끝나고 질의응답 순서로 넘어갔다. 나는 제일 먼저 일어나 손을 들었다. 그의 연설을 들으면서 질문할 내용을 메모지에 정리해 두었던 나는 메모지를 들고 마이크가 켜진 단상 앞으로 나가 단 몇 명에게만 허락되는 질문을 던질 수 있었다.

"일본 경제가 어떻게 하면 잃어버린 15년에서 벗어나 재기할 수 있는지 처방전으로서 당신의 생각을 들려주십시오. 오늘의 연설은 인상 깊었지만 해결책이 제시되지 않았다고 생각합니다. 해결책으로서 아이디어를 들려주십시오."

해결책 제시가 바로 나의 포인트였다. 그러나 내 질문에 대한 답변으로 서머스 교수가 반복한 내용은 역시나 지론의 전개였다. 유감스럽게도 해결책다운 내용은 제시되지 않았다. 정치 세계와 국제회의에서 수많은 경험을 쌓아 온 그답게 이러한 질문을 받아넘기는 데는 누구보다 능숙했다.

어느새 나의 요구는 어디론가 사라져 버리고 여전히 일본에 대한 쓴소리가 이어졌다. 지금 와서 생각하면 당시 나에게는 그 자리에서 서머스 교수의 논점을 더욱 날카롭게 지적하고 건설적인 답변을 이끌어 내는 능력이 결여되어 있었다.


## 나라를 생각하는 마음은 강력한 동기부여가 된다

이 사건은 하버드 비즈니스 스쿨의 필수과목 중 하나인 BGIE (Business, Government and the International Economy, 약칭 비기)의 수업 중에 일어났다. 통상적으로 이 수업에서는 900명의 클래스메이트가 10개의 섹션으로 나뉘어 각각 담당 교수의 지도하에 토론을 진행한다.

일본 경제를 테마로 하는 케이스 스터디 교재는 하버드 비즈니스 스쿨 안에서도 명물 케이스로 자리 잡아 오랫동안 BGIE에서 중점적으로 다뤄져 왔다. 학기 중에는 '일본: 기적의 시대(Japan: Miracle Years)'라고 제목이 붙은 고도경제 성장기의 케이스가 채택된다.

내가 공부하던 해에는 BGIE의 마지막 수업에서 '일본: 거품을 넘어서(Japan: Beyond the Bubble)'이라고 제목이 붙여진 새로운 케이스도 다루었다. 이 케이스 토론을 이끈 사람 역시 서머스 교수였다.

나는 일본 경제에 대해 부정적인 시각을 가진 서머스 교수의 논점이 전 세계에서 모인 하버드 학생이나 연구자들에게 그대로 전달되는 당시 상황이 굉장히 분했다. 서머스 교수에게 영어로 확실하게 반론을 펼치지 못하는 나 자신에게도 매우 실망할 수밖에 없었다.

결국 전 세계의 여론은 영어로 이루어진다. 아무리 일본어로 소리 높여 의견을 말해도 들어 주지 않는다는 사실을 통감한 순간이었다.

1,000명이 넘는 참가자가 모인 대규모 공개 수업에서 하버드 커뮤니티의 수장이자 미국 자본주의의 상징인 서머스 교수에게 질문하고 반론을 펼치는 일에는 상당한 용기가 필요했다. 그럼에도 내가 그 어려움을 극복하고 번쩍 손을 들 수 있었던 이유는 바로 일본인이라는 자긍심 때문이었다. 소위 건전한 애국심이 두려움을 극복하고 행동으로 옮기는 용기로 연결된 순간이었다.

그리고 이 경험을 통해 하버드에서 유학 생활을 마치고 일본으로 돌아간 후에도 영어 실력을 높이기 위해 평생 노력해야겠다는 다짐을 할 수 있었다. 모순적으로 들릴지도 모르겠지만 건전한 애국심이 나에게 영어의 중요성을 다시 한 번 확인시켜 준 셈이었다.

# 44

## 유창한 영어보다
## 논리적인 의사소통 능력이 중요하다

영어 학원이나 영어 교재 광고에서 자랑스럽게 내세우는 문구로 '어느새 영어가 술술 나온다.'를 자주 접할 수 있다. 여기서 말하는 '술술'이란 물 흐르듯 유창하게 영어를 모국어처럼 사용할 수 있는 모습이다. 이는 바꿔 말하면 그만큼 영어를 유창하게 말하는 일이 쉽지 않음을 의미한다.

골드만 삭스나 맥킨지에서 높이 평가받는 비영어권 출신 뱅커나 컨설턴트를 보면 영어를 회사 생활에서 불편함이 없을 정도로 자유자재로 쓰곤 하지만 대부분 '술술' 말할 정도로 유창하지는 않다.

세계 최고의 인재들은 왜 기본에 집중할까

## 비즈니스 영어의 세 가지 특징

골드만 삭스나 맥킨지처럼 세계 각국에 지사를 둔 글로벌 기업에서는 영어를 사용하는 일이 빈번하게 일어난다. 영어를 쓰지 않으면 진행할 수 없는 일이 많기 때문에 그만큼 영어는 업무에 있어서 필수 조건이 된다. 영어가 모국어인 사람들을 제외하고 외국어로 영어를 배운 사람들에게는 크게 세 가지 특징이 있다.

❶ **모국어의 악센트가 강하게 남아 있다**

요즘은 유치원에서부터 영어를 배우기 때문에 자연스럽게 발음과 악센트를 익힌다. 하지만 대부분의 사람들은 이미 모국어를 어느 정도 습득한 후에 영어를 배우기 때문에 영어 발음이 모국어의 악센트에 많은 영향을 받는다. 물론 이로 인해 의사소통이 어려워지는 일은 없지만 영어 발음에서 중요한 음의 구별, 예를 들면 R과 L 같은 음을 정확하게 발음할 수 있도록 노력해야 한다.

❷ **읽기, 쓰기, 듣기, 말하기 등 네 가지 기초가 확실하다**

맥킨지나 골드만 삭스 같은 글로벌 회사의 공식 문서는 영어로 작성되기 때문에 늘 영문을 정확하고 신속하게 읽는 능력이 요구된다. 또 업무와 관련된 메일을 주고받거나 자료를 작성할 때도 영어를 사용해야 한다. 즉 이러한 일상 업무에서 고도의 독해력과 작문 능력이 필요하다.

또한 해외 사무소와 전화 회의가 일상적으로 이루어지고, 전 세계 사람들이 제각각 사용하는 지역화된 영어를 정확하게 알아듣고 내용을 이해해야 하기 때문에 듣기 능력도 중요하다. 그리고 이러한 상황에서 자신의 생각을 논리적으로 전달할 수 있는 말하기 능력이 필요하다. 즉 읽기, 쓰기, 듣기, 말하기, 총 네 가지 기초 실력이 모두 탄탄해야 한다.

❸ **논리적으로 당당하게 소통한다**

영어 실력에 자신감이 없다고 망설일 필요가 없다. 모국어 악센트가 남아 있지만 적확한 문법을 사용하여 논리적으로 당당하게 발언할 수 있도록 꾸준히 연습해야 한다. 국제 무대에서 활약하는 인재들 중에서도 유창한 발음으로 영어를 모국어처럼 사용하는 사람은 적다. 그들은 모국어 악센트가 그대로 남아 있는 다소 딱딱한 영어를 쓰지만 논리적인 사고를 통해 의사 표현을 정확하게 하고 자기주장을 펼치는 스킬이 뛰어나다.

비즈니스 세계에서 필요한 영어를 구사하기 위해서는 '술술 유창하게'라는 낡은 주문에서 해방되어야 한다. 발음이나 악센트를 지나치게 의식하면 오히려 당당하고 논리적으로 자기주장을 펼치기가 어

세계 최고의 인재들은 왜 기본에 집중할까

려워진다. 가장 먼저 과연 내가 말하고자 하는 내용이 논리적으로 타당한가를 고민해야 한다.

비즈니스 영어가 무엇인지 재정의하는 일부터 다시 시작해야 진정한 영어 실력을 높일 수 있다. 혹시 '술술 유창하게' 말하겠다는 고정관념에 아직도 사로잡혀 있는 건 아닌지 지금 당장 당신의 비즈니스 영어를 점검해 보자.

# 45

## 명확한 목표를 정하면
## 단기간에 영어 실력을 높일 수 있다

업무에 필요한 영어 실력을 높이기 위해서라면 우선 목표를 명확하게 설정해야 한다. 가장 알기 쉬운 목표로 '토익 900점'이 있다.

한동안 영어 공부를 손에서 놓았던 사람에게는 다소 높은 점수로 여겨질 수도 있다. 하지만 취업 준비생들도 기본 900점이 필요하다는 요즘 세상에서는 분명 의미 있는 목표가 될 것이다. 또한 이 점수는 중학교와 고등학교 과정을 거쳐 영어를 배운 사람이라면 단기적으로 집중해서 충분히 도달할 수 있는 수준이기도 하다.

어학 점수가 높아도 실전에서 제대로 영어 실력을 발휘하지 못하는 사람이 있는가 하면, 반대로 비즈니스 현장에서 어느 정도 자유롭게 영어를 구사해도 실제 어학 점수가 낮은 사람도 있다. 어학 시험 점수는 어디까지나 말 그대로 참고 사항일 뿐이다.

무언가를 배울 때는 자격시험을 중간 지표로 삼으면 효과적이다. 객관적인 자료로 활용하기도 좋다. 하지만 최종적으로 영어를 활용하는 능력은 결국 얼마나 자신감을 갖고 자신의 의견을 상대에게 말할 수 있느냐에 달려 있다. 제아무리 높은 토익 점수를 받았더라도 자신감이 없다면 영어로 소통하는 일은 여전히 어려울 수밖에 없다.

외국어로 영어를 배운 사람들이 영어를 모국어처럼 사용하기란 쉽지 않은 일이다. 더구나 어학연수를 다녀오고 영어 공부도 열심히 했지만 자신이 영어를 잘한다는 자신감을 갖고 말하는 사람도 주변에서 찾아보기 힘들다. 이런 상황에서는 무엇보다 자신에게 일정한 자신감을 줄 수 있는 무언가가 필요하다.

그런 의미에서 토익 900점이 주는 의미는 매우 크다. 열심히 공부해서 900점 이상을 얻은 사람에게는 자신감을 주기도 하고, 또한 이 점수를 계속 유지하기 위해 꾸준히 공부하게 만든다.

골드만 삭스, 맥킨지에서 활동하는 인재들의 토익 점수는 평균적으로 900점을 크게 웃돈다. 비즈니스 세계에서 일상적으로 영어를 사용하는 사람들에게 900점은 최저 기준이자 글로벌 인재로 가는 첫 번째 단추라고 할 수 있다. 이 점을 잊지 말고 영어 공부에 매진해 보자.

비즈니스 세계에서 사용하는 영어 실력을 높이기 위해서는 다음의 세 가지 규칙을 꼭 기억해 두자.

**❶ 목표를 명확하게 설정한다**

자신의 실력으로 금방 달성할 수 있는 낮은 목표는 성취감이 적다. 또한 자신이 예상한 기간보다 더 짧은 기간에 목표를 달성하기 때문에 금세 영어 공부에 대한 흥미를 잃어버린다. 흥미를 잃지 않고 꾸준히 영어 공부를 하기 위해서는 우선 객관적인 기준을 명확하게 잡고, 목표 달성을 위해 최선을 다해야 한다. 그런 의미에서 토익 900점은 가장 이해하기 쉽고 이상적인 목표가 된다.

**❷ 단기간에 성과를 올린다**

영어 공부는 장기 목표를 설정하고 꾸준히 진행해야 한다. 하지만 일정한 성과를 단기간에 거두지 못한다면 금세 지쳐 버리기가 쉽다. 비즈니스 영어를 능숙하게 사용한다는 중장기적인 목표를 설정하고, 단기적인 목표로 토익 점수를 잡는다면 효과적이다. 무엇보다 단기간에 목표를 달성할 수 있도록 매일 짧은 시간을 투자해서 영어 공부를 반복하면서 빠른 시일 내에 단기 목표를 달성하고, 장기적인 진행을 이어가자.

**❸ 영어 구조를 시작으로 기초부터 탄탄하게 배운다**

어떻게 영어 공부를 하면 좋은가를 두고 아직도 많은 주장이 오간다. 여기에 정해진 답은 없다. 다만 유년기의 영어 공부와

세계 최고의 인재들은 왜 기본에 집중할까

성인기의 영어 공부는 분명 다르다는 점을 인식하고 있어야 한다. 아이들처럼 생활 속에서 자연스럽게 영어를 접하는 식으로는 단기간에 원하는 목표를 달성할 수 없다. 문장 구조를 꼼꼼하게 확인하고 자신이 자주 사용하게 되는 문장이나 단어들을 집중적으로 공부한다. 어디까지나 업무와 관련된 영어라는 점을 잊어서는 안 된다.

# 46

## 지금보다 한 단계 위의 직책을
## 의식하며 일한다

조직의 리더로 승진하려면 승진하기 전에 리더가 갖춰야 할 능력을 미리 드러내 보여야 한다. 예를 들어 부장으로 승진하려면 과장 시절에 부장의 능력을 증명해야 하는 식이다. 왜 이런 과정이 필요할까?

조직에서 조직원을 승진시켰다면 그에 걸맞은 더 큰 책임을 요구한다. 만약 그 조직원이 해당 직급에 필요한 능력을 제대로 발휘하지 못한다면 리스크가 발생하고, 직급이 높을수록 발생하는 리스크도 커진다. 따라서 조직은 이러한 리스크를 최소화하고 검증된 인재를 승진시키기 위해 사전에 치밀한 조사 과정을 거친다.

리더십이란 단순히 직책에서 오는 힘이 아니다. 실제 비즈니스 현

235

세계 최고의 인재들은 왜 기본에 집중할까

장에서 영향력을 발휘하는 지도력이자 통솔력이다. 한마디로 부장이 된다고 해서 그에 걸맞은 리더십이 생기는 게 아니라, 이미 리더십을 가졌기 때문에 부장이라는 자리에 올라 팀과 조직을 이끄는 것이다.

골드만 삭스나 맥킨지에서는 공식적으로 승진이 결정되기 전에 승진 후의 직책을 수행할 수 있는 능력을 증명해야 한다. 투자은행이면 매니징 디렉터, 컨설팅 업체면 파트너라는 조직의 리더가 되기 위해서는 최소한 과거 1년 동안 그에 상응하는 성과가 있었음을 일상적인 업무에서 증명할 필요가 있다.


## 자신의 360도를 의식한다

골드만 삭스와 맥킨지는 전혀 다른 업계이지만 사내 평가 기준에는 한 가지 공통점이 있다. 바로 360도 평가이다. 360도 평가란 과거 윗사람이 아랫사람을 평가하던 방식에서 벗어나 자신을 둘러싼 상사, 동료, 후배가 전후좌우 360도에서 과거 1년간의 업무 태도를 세세한 항목으로 평가하는 방식이다.

상사에게만 호의적인 태도를 보이는 사람은 후배에게 낮은 평점을 받는다. 클라이언트 기업의 경영진에게는 언제나 웃는 얼굴을 보이면서 아랫사람에게는 감정적으로 대응하거나 비체계적인 작업을 강요하며 프로젝트를 이끄는 파트너 역시 부하와 동료들에게 좋은 평가를 받지 못한다. 공평하고 광범위한 시점으로 평가받고, 실적에서 능력을 증명해야만 비로소 승진할 수 있다.

항상 한 단계 위의 직책을 의식하며 일하는 자세는 비단 승진만을 위해서가 아니다. 한 단계 위를 의식하면 자신이 성취하고자 하는 목표에 최대한 빠르게 도달할 수 있고 이로 인해 자신의 성장 속도가 빨라지는 등 다양한 장점이 있다.

"이제 슬슬 자네도 좀 더 큰 책임을 져야 하지 않겠나" 같은 말을 듣기 전에 스스로 책임을 지고 행동해야 한다. 그렇게 한 발 먼저 움직임으로써 눈높이가 올라가고 자신에게 무엇이 부족한지 냉철하게 판단할 수 있게 된다. 남보다 먼저 자신의 장점을 강화하고 결점을 보완하면서 커리어를 쌓을 수 있다. 자기 실력 이상의 일을 하기 위해 부단히 노력하는 과정이 커리어를 쌓는 데 매우 중요하다.

# 47

## 회사는 퇴학이 아니라
## 졸업하는 곳이다

정기적으로 개최되는 맥킨지 동료들과의 모임은 언제나 내가 가장 즐거운 마음으로 기다리는 모임 가운데 하나이다.

맥킨지 동료들과의 만남은 언제나 새로운 자극을 얻는 절호의 기회이자 진한 동료애를 느낄 수 있는 소중한 시간이다. 맥킨지 동료들은 지적이고 열정적이며, 주변에 긍정적인 영향을 주려고 항상 열린 시선으로 세상을 바라본다. 정말 멋진 사람들이다.

실은 이 모임을 개최하는 이유는 따로 있는데, 동기 중 누군가 맥킨지를 퇴사할 때 '졸업식'의 의미로 이 모임이 열린다. 전 세계적으로 맥킨지에서 컨설턴트로서 경력을 쌓고 새로운 직장으로 옮겨 커리어를 쌓는 사람들이 많다. 그만큼 맥킨지에서의 경험은 새로운 도전을 가능하게 하는 최고의 자산이 된다.

그 때문에 입사 후 3년이 지나면 맥킨지를 계속 다니는 동기보다 새로운 직장으로 자리를 옮겨 간 동기의 비율이 점차 높아지기 시작한다. 결국 입사 3년을 기점으로 졸업식을 개최하는 횟수가 제일 빈번해지고, 이후부터는 서서히 줄어든다.


## 강력한 결속력을 갖는 맥킨지 졸업생들

맥킨지에서는 퇴사할 때 '졸업'이라는 표현을 사용하며, 전 맥킨지 사원들을 졸업생, 영어로 'alumni'라고 부른다. 전 세계의 다양한 업계에서 활약하는 모든 맥킨지 출신자는 서로 도와주며 강력한 결속력으로 연결되어 있다.

나는 이 '졸업'이라는 표현을 매우 좋아한다. 물론 그렇다고 내가 전직을 장려하는 건 아니다. 오히려 한 회사에 오래 머무르며 깊이 있는 경험을 쌓는 것도 충분히 가치 있다고 생각한다.

회사를 그만두는 이유는 가지각색이다. 상사와 맞지 않거나, 사람들과 어울리지 못해서 새 직장을 찾기도 한다. 때로는 한 단계 더 성장하기 위해 자신에게 더 많은 도전의 기회가 주어지는 곳으로 옮기기도 하고, 연봉을 올리고 직급을 높이기 위해서 이직하는 사람도 있다. 혹은 건강이 나빠져서 더 이상 강도 높은 일을 지속하기 어려운 경우도 있을 것이다. 여성이라면 결혼이나 임신, 출산을 계기로 직장을 옮기거나 떠나기도 한다. 나는 하버드 비즈니스 스쿨로 공부하러 가기 위해 첫 번째 직장인 골드만 삭스를 그만두었고, 두 번째 직장인 맥킨지는 나만의 회사를 창업하기 위해 퇴직했다.

회사를 그만둘 때 중요한 점은 '중퇴'가 아니라 '졸업'을 한다고 여기는 마음가짐이다. 물론 퇴사 이유가 반드시 발전적이지만은 않을 수도 있다. 새 직장에서 모든 것을 처음부터 다시 시작하고 새롭게 도전해야 하는 경우도 있을 것이다.

그 어떤 경우라도 함께 일했던 가까운 사람들의 응원을 받으며 떠날 수 있도록 해야 한다. 성적이 우수하진 않아도 '졸업증'을 받고 떠나는 것이다.

졸업증이 중요한 이유는 두 가지이다.

### ❶ 전 직장의 동료는 귀중한 자산이다

비즈니스 세계에 몸담고 있는 한 전 직장에서의 평판은 항상 당신을 따라다닐 것이다. 비즈니스 세계는 좁고 분명 어딘가에서 지인들과 연결되어 있다. 한 업계에서 3년 이상 몸담고 있다면 한두 명만 거쳐도 자신의 과거를 아는 사람과 연결될 수 있기 때문에 전 직장에서의 평판은 매우 중요하다. 또한 평판과 상관없이 전 직장의 동료, 상사, 후배는 앞으로 인생에서 당신의 응원자가 되어 주기도 한다. 모든 걸 다시 새롭게 시작할 수 있다는 안일한 생각으로 대충 일을 마무리하고 전직을 되풀이한다면 평판이 나빠지는 것은 물론이고 당신의 소중한 응원군도 모두 잃게 될 것이다.

**❷ 자신의 내면에서 도망친 경험을 남기지 않는다**

많은 사람들이 다음 직장에서 새롭게 실적을 쌓으면 된다는 아마추어 같은 생각으로 전 직장에서 제대로 일을 처리하지 않고 나온다. 하지만 이 모든 과정은 당신의 기억 속에 고스란히 남아 있다. 누구보다 진짜 속내를 잘 알고 있기 때문에 자신에게는 어떤 변명도 통하지 않는다. 나 자신에게 떳떳하기 위해서라도 전 직장에서 일을 완벽하게 정리하고 나와야 한다.

회사를 그만둘 때는 반드시 졸업한다는 생각을 가져야 한다. 그리고 진정한 졸업을 위해서는 절대 도망치면 안 된다는 사실을 기억해 두자. 스스로 도망쳤다고 느껴지지 않을 때, 전 직장 동료들 가운데서도 반드시 당신을 지지하고 응원해 주는 사람이 나타날 것이다.

세계 최고의 인재들은 왜 기본에 집중할까

# 48

## 자기 노트로 목표를
## 철저하게 관리한다

나는 항상 한 권의 '자기 노트'를 가방에 넣어 다닌다. 이 노트는 목표를 관리하는 데 매우 효과적이다.

큰 노트일 필요도 없고 형식에 구애받지 않아도 된다. 자기 노트를 사용할 때 가장 중요한 점은 생각났을 때 언제든지 즉각 메모할 수 있어야 한다는 것이다. 일이 많아질수록 자기 노트에 해야 할 일을 리스트로 정리하면 효율적으로 시간을 관리할 수 있다. 또한 다음 날 반드시 챙겨야 할 소지품도 노트에 미리 적어 두면 절대 잊어버리지 않는다. 무엇보다 바쁜 일상에 쫓겨 쉽게 놓칠 수 있는 중장기 목표를 관리하는 데에도 매우 효과적이다.

나는 MBA 취득을 위해 유학을 결심하기 1년 전부터 자기 노트를 쓰기 시작했다. 정신없이 일에 쫓기던 나는 처리해야 하는 과제를 관리하기 위해 업무 노트와 별도로 나만의 종합 노트를 만들었는데 이것이 바로 자기 노트의 시작이었다. 골드만 삭스에서는 프로젝트별로 내용을 정리하는 전용 노트를 따로 사용하는데, 두 개 이상의 프로젝트가 진행되면서 전용 노트도 점점 늘어나다 보니 한 권에 종합적으로 정리할 필요가 있었던 것이다.

프로젝트가 본격화되기 전에 사전 조사 차원에서 일이 발생하는 경우가 종종 있는데, 이 경우에도 한 권의 전용 노트를 마련할 때까지는 자기 노트로 관리하곤 했다.

해야 할 일을 정리하기 위해 노트를 펼칠 때 눈에 띄는 여백에는 그 따그때 떠오른 자신의 미래상이나 앞으로의 목표 등을 써 넣기도 했다. 눈앞에 닥친 일에만 몰두하다 보면 어느새 시야가 좁아지는데 좁아진 시야를 넓히기 위해서라도 목표를 되새겨야 한다.

페이지를 앞으로 넘겨서 며칠 전에 써 놓은 목표를 다시 한 번 확인해 보면 좋다. 비효율적이라고 생각할 수도 있겠지만 나는 시간이 날 때마다 내가 가슴에 품은 목표를 자주 다시 기록했다. 이런 노트가 바쁜 업무 속에서도 당시 목표로 삼고 있던 하버드 유학을 실행하는 가장 큰 원동력이 되었다.

자기 노트를 활용할 때는 다음 사항에 주의하자.

세계 최고의 인재들은 왜 기본에 집중할까

**❶ 같은 일이라도 몇 번이든 다시 써 본다**

하버드 유학은 내가 자주 반복해서 노트에 썼던 목표였다. 마음속으로는 늘 꿈꾸었지만 현실에 부딪혀 몇 번이고 포기하려고도 했다. 하지만 노트에 다시 쓰고 시간 날 때마다 들여다보면서 잊지 않고 목표를 지켜 나갈 수 있었다. 그때그때 기분을 반영하여 목표를 다시 써 보자. 쓰는 과정에서 목표를 되새기며 '꼭 해내자' 하는 마음을 북돋울 수 있다.

**❷ 상황에 따라 세부 사항이 변경돼도 상관없다**

세부적인 부분은 그때그때 상황에 따라 변경되고 수정된다. 반년 전에 설정했던 목표에 이르는 과정이 순조롭지 않다면 그 자리에서 새롭게 스케줄을 수정해도 좋다. 무엇보다 목표를 이루기 위한 수정과 변경은 긍정적인 신호이다. 목표를 이루기 위한 세세한 실행 방식은 자신의 상황을 반영해서 맞춰 나가자. 가장 중요한 점은 목표를 확실하게 설정하는 일이다.

유학 중에는 매일 수업을 받으면서 배운 내용을 정리하는 데 자기 노트를 활용했다. 졸업 후에는 독립해서 창업하고 싶다는 목표가 있었기 때문에 생각나는 대로 사업 아이디어를 써 놓기도 했다. 그리고 귀국 후 컨설턴트로 프로젝트를 담당할 때도 유학 전과 마찬가지로 자기 노트를 꾸준히 활용했다.

사회인이 되고 오랜 시간이 지난 지금까지 쓴 자기 노트는 무려 20권 이상이다. 대략 1년에 두 권 정도 쓰는 속도이다. 겉면에는 사용한 시기를 적어 놓았다. 5년 전 노트를 다시 펼쳐 보면서 그때 내가 어떤 목표를 설정했는지 그리고 어떤 노력을 기울였는지 떠올릴 수 있다. 때로는 내가 잊고 있던 소중한 목표를 발견하기도 한다.

자기 노트를 이용해 일주일 스케줄을 정리해 놓으면 흐트러짐 없이 스케줄을 관리할 수 있다. 누구나 그렇지만 주 중반쯤 되면 갑자기 긴장감이 풀리고 정신이 해이해지기도 한다. 그럴 때는 5분만 노트를 펼치자. 그러면 지금 무엇을 위해 눈앞의 일에 매달리고 있는지, 다음에 무엇을 해야 하는지 등을 재확인할 수 있다. 풀어진 몸과 마음을 다잡고 다시 일어설 수 있다.

일에서 성과를 최대한으로 낼 수 있느냐 없느냐의 차이는 자신의 정신을 얼마나 잘 제어할 수 있느냐에 달렸다. 머리나 마음이 혼란스러울 때는 우선 자기 노트를 펴고 정리해 보자. 아주 큰 효과를 발휘할 것이다. 구성이나 방식은 자기가 활용하기 쉽게 정해 나가면 된다.

☐

나라를 생각하는 마음은 강력한 동기부여가 된다.

☐

비즈니스 영어에서는 유창함보다 논리성과 당당한 태도가 중요하다.

☐

영어 공부를 위해 가장 이해하기 쉬운 목표를 정한다.

☐

지금보다 한 단계 높은 직책을 목표로 잡고 일의 완성도와 책임감을 높인다.

☐

회사를 퇴학이 아닌 졸업으로 마무리한다.

☐

자기 노트로 자신의 목표를 관리해 나간다.

# 우리가 가장 치열하게
# 지켜야 할 원칙

이 책은 골드만 삭스, 맥킨지, 하버드 비즈니스 스쿨에서 세계 최고의 인재들과 함께 일하고 때론 경쟁했던 나만의 경험을 정리해 사람들과 공유하면 좋겠다는 친구의 조언을 계기로 세상에 나오게 된 나의 첫 책이다.

이제껏 수많은 책들을 읽기만 했지 써 본 경험은 한 번도 없었던 터라 과연 내가 책을 쓸 수 있을지에 대해 한동안 고민했었다. 하지만 당초의 우려에 비해 책을 완성하는 데까지는 그리 오랜 시간이 걸리지 않았다.

그 이유는 바로 이 책에서 말하고자 하는 '기본의 힘'에 대한 경험만큼은 누구보다 자신 있었기 때문이다. 막상 집필을 시작하자 함께 일했던 골드만 삭스와 맥킨지의 동료와 상사들, 함께 공부했던 하버드 비즈니스 스쿨 클래스메이트들과 겪었던 일들이 생생하게 떠올랐다.

그만큼 세계 최고의 인재로 평가받는 그들이 철저하게 지키기 위해 노력하는 '기본'에 대한 인상이 아직도 강렬하게 내 머리와 가슴 속에 남아 있었던 것이다. 집필하는 과정에서 기본의 힘과 의미에 대해 다시 한 번 돌아볼 수 있었던 것은 나 자신에게도 소중한 기회였다.

내가 이 책을 통해 사람들과 공유하려는 '기본'이란 국가와 세대 그리고 업종에 상관없이 가장 우선시해야 할 보편적 가치이다. 이 점은 글로벌화가 강화될수록 더욱 강조될 것이다. 그리고 '기본'은 스스로 성장하는 데 가장 중요한 가치라는 점도 잊어서는 안 된다.

이 책이 세상에 나올 수 있도록 응원해 준 분들에게 감사의 마음을 전하고 싶다. 이 책에서 이야기한 모든 것은 골드만 삭스와 맥킨지에서 만난 상사, 선후배와 동료들 그리고 하버드 비즈니스 스쿨의 은사와 동기들로부터 배운 것들이다. 그들이 없었다면 이 책은 물론 지금의 나도 존재하지 않았을 것이다.

마지막으로 늘 나를 지지해 주는 아내와 딸에게도 진심으로 고맙다고 말하고 싶다.


2014년 1월
도쓰카 다카마사